人生は苦である、でも死んではいけない

岸見一郎

講談社現代新書
2561

はじめに

「生れて、すみません。」

これは、太宰治《だざいおさむ》の「二十世紀旗手」につけられた副題である。

だが人は、最初からこのように思うことはないだろう。

親は子どもが生まれてきた時、ただ生きていることを喜びに思ったはずである。ところが、いつの頃からか、親は子どもに期待するようになる。子どもに特別であることを求めるようになるのだ。

それは一言でいえば、いい大学に入ったり、いい会社に入ったりして、人生で成功することである。さしあたってそのためには、学校でいい成績を取ることが期待される。

多くの場合、これは社会の通念とも一致する。しかし、何の疑念もなくそれを受け入れ、親をはじめとする他者の期待を満たすことができる人ばかりではないはずだ。それで自分が生まれてきたことに罪悪感まで持つ人が出てくる。そのような思いが、冒頭の太宰の言葉をいわせるのだ。

しかし、そもそも人は誰かの期待を満たすために生きているわけではない。他者の期待を満たすべく、今の私ではない自分に「なる」必要などはないのだ。私は私でしかない。あるのは、このあるがままの私だけなのだから。

生まれたばかりの子どもが生きているだけでありがたいと親から思われるのと同じで、本来的に、何もできなくても、誰もが生きているというそのことだけで価値がある。自分を他者の期待や社会の通念に合わせる必要などないのだ。

そして、「今」を生きることが大切だ。「今」は、何かを達成するための準備期間ではない。すなわち、「今」は何かのリハーサルの時間などでは決してなく、常に本番である。

さらには、どこにも行かなくても、「ここ」で生きることはできる。どこにも行かなくてもいい。ただ、ともかく前に進んでいこう。たとえそれが小さな一歩にすぎなくても。そう思うと、生きることもつらくなくなる。

だから、「今」「ここ」を真剣に生きたい。

たしかに、現代社会には苦しみが満ちている。生きていれば苦もあれば楽もあるというよりも、生きること自体が苦である。

それで、生きることそれ自体がそもそも苦しいことなのであれば、生まれてこないほうがいい、そう考える人も出てくる。

おのれの忌まわしい過去を知り、自らブローチの留金で目を突き盲目となったオイディプス王は、実の息子たちによって故国を追われ、老いた身で他国を放浪する運命となった。彼の身の上をコロス（合唱隊）は次のように歌う。

「この世に生を享けないのが、
すべてにまして、いちばんよいこと、
生まれたからには、来たところ、
そこへ速やかに赴くのが、次にいちばんよいことだ」（ソポクレス『コロノスのオイディプス』）

生まれてこないのがいちばんよく、生まれたからにはできるだけ早く死ぬのがいいというのだ。

しかし、生まれてきてしまったことは本当に、太宰がいうように、「すみません」といわなければならないことなのだろうか。あるいは、このギリシア悲劇のコロスが歌うように、生まれてこないのがいちばんいいことなのだろうか。

私はいいたい、
「死んでしまうよりも、生きたほうがいい」
たとえ人はみな、いずれ死んでしまう定めであっても。

目次

第一章　人生は苦である

生きることは苦しい

三木清《みききよし》は、人生を砂浜で貝を拾うことに喩《たと》えている（『語られざる哲学』）。人は皆、広い砂浜で、めいめいに与えられた小さい籠を持ちながら、一生懸命貝を拾ってその中へ投げ込む。その拾い上げ方は人によって違う。無意識的に拾い上げたり、意識的に拾い上げたり。ある人は習慣的に無気力に、ある人は快活に活発に働く。ある人は歌いながら、ある人は泣きながら。ある人は戯れるように、またある人は真面目に集めている。

この砂浜の彼方に大きな音を響かせている暗い海がある。それに気づいている人もいれば気づいていない人もいる。籠の中には次第に貝が満ちてくるが、何かの機会に、ふと籠の中を点検する。

すると、かつて美しいと思っていた貝が少しも美しいものではないことに気づき、愕然とする。と、その時、海は破壊的な大波で人をひとたまりもなく深い闇の中に連れ去ってしまう。広い砂浜は社会、小さい籠は寿命、大きな海は運命、そして強い波は死である。

ここで三木がいう「貝」とは、多くの人が何の疑いもなく「美しいもの」、つまり、価値あるものと思い、それを得ようと努める、例えば、お金や名誉、社会的地位などのことである。しかし、それがある時、少しも美しいものではなかったことに気づく時がやってくるというのだ。

人は、いつ何時死ぬかわからない。まだ老いとは無縁だと思っている若い人も例外ではない。地震などの災害や事故にいつ遭遇するかもしれないし、そのような目にあわなくても病気になるかもしれない。

健康な人は普段は死を意識することはない。死が間近にあってもそのことに気づかない。しかし、病気になればたちまち死を意識しないわけにはいかなくなる。

私が生きることは苦しいことだと思うようになったのは、母の死がきっかけだった。母は脳梗塞で四九歳で亡くなった。私はその事実をすぐには受け入れることができなかった。当時、私は脳梗塞という病気についてまったく知識がなかったので、母はまだ若いのだからすぐによくなるに違いない、そう信じて疑わなかった。実際、予後はよかった。この分だと、たとえ身体に多少の麻痺《まひ》が残っても、退院後は普通に生活できるだろうと思っていた。母も左手であれば孫を抱けるだろうと、まだ結婚してもいなかった私にいって笑っていた。

しかし、私の楽観的な予想は外れた。一時はよくなったものの再発作を起こし、それからは急激に病状が悪くなり、やがて肺炎を起こして意識を失った。治療は功を奏さず、母は発症後三ヵ月で亡くなった。

それまでは、生きていれば苦しいこともあるが、いいこともあるだろうと思っていた。母が亡くなる前にも受験に失敗するというようなことはあったが、そのような躓《つまず》きは私自身の努力が足りなかったからだと納得できたので、理不尽なことが起こったとは考えなかった。

母が病気で倒れた年、私は大学院に入っていた。ギリシア哲学を学ぶことにこだわり、長く足踏みをしていたので、試験に合格した時は、生きていればこんないいこともあるのだと嬉しかった。

それなのに、その年、母が入院し、私は大学に行けなくなった。またもや足踏みすることになったのだ。人生では自分の期待するようなことは決して起こらない。母がこんなに若くして死ぬはずはないと思ったが、そんな私の期待とは関係なく、母は死んだ。

私は、母の死を目の当たりにして、人生にはこんな理不尽なことがあるのかと、我が身に起こったことをにわかには信じることができなかった。

母の遺体と共に家に戻った時、目の前に敷かれていると思っていた人生のレールが消えてしまったことを知った。大きな音を立てて、人生のレールから脱線したとも思った。

避けられない老い

『スッタニパータ』という仏典には、

「ああ短いかな、人の生命よ。百歳に達しないうちに死んでしまう。たといこれよりも長く生きるとしても、また老衰のために死ぬ」

とある。

また『ダンマパダ』という仏典では、老いについて次のようにいわれている。

「この容色は衰えはてた。病いの巣であり、脆《もろ》くも滅びる。腐敗のかたまりで、やぶれてしまう。生命は死に帰着する」

肉体の衰えは、誰にも止めることができない。

身体の機能が低下するだけではない。加齢と共に物忘れをするようにもなる。そうなると、たちまち生活に支障が出てくる。私の父は晩年、認知症を患ったが、物忘れがひどくなったと訴えるようになったのは、認知症と診断されるよりもずいぶん前のことだった。

「忘れたことに気づくならまだしも、ひょっとしたら私が忘れたことに気づかないかもしれない。それが怖い」

実際、やがて父は忘れていることがあることにも気づかなくなった。

たとえ長生きできても、病に侵され、ついには死ぬのであれば、長生きしたくないと思う人がいる。何よりも、そうなれば家族に世話されなければならない。家族に迷惑をかけたくないと思う人は、長く患うことなく死ぬことを願う。
そのために、延命治療を受けることを拒否し、まだ自分で判断できるうちに自ら命を絶つ人さえも出てくる。信仰上の理由や持続的な痛みを回避したいという思いからではない。

避けられない病気

老いるのとは違って、若い人でも病気になる。どんな病気であっても死を多少なりとも予感させるので怖い。病気になってそれまでできたことができなくなると、もはや自分には価値はなく、生きる意味がなくなってしまったと考える人がいる。

私は専門が哲学なので、お金とは無縁の人生を送ることになることは早くから覚悟していた。それでもいつかは、大学で教え、教授になりたいという野心はあった。しかし、身体が麻痺して自由に動かせず、また後には意識を失った母を見て、私がこれから先の人生で達成しようとしていたことに本当に価値があるのだろうかと考えた。

私自身、後に心筋梗塞で倒れ、何日も絶対安静で過ごすことを強いられた時には、母が病気で倒れた時以上に、自分の価値や人生の意味について考えないわけにはいかなかった。

病気になって経験するこのような気づき、病気の前は価値があると疑っていなかったものには価値がないという気づきを、三木は先に引いた比喩の中で巧みに表現している。籠の中に入れていた、かつては美しいと思っていた貝が少しも美しいものではなく、取るに足らないものばかりであることに気づき、愕然とする。籠の中には貝が次第に満ちてくるが、ふいに何かの機会に籠の中を点検すると三木がいうのは、このような、病気になった時のようなことをいっているのだろう。

病気になったことがきっかけになって、それまで価値があると思っていたものが価値があるとは少しも思えなくなるのは、「破壊的な大波」である死が間近に迫り、この人生が有限であることを知る時である。

人生の最後には死があることを知ることは、その後の人生における生き方を変えないわけにはいかないが、この事実を知ったからといって誰もが必ず世を儚《はかな》むようになるわけではない。

病気の前は明日という日が当然くると思っていたのが、病気をすると明日の日がくることが決して自明でないことがわかる。私は幸い死の危険を脱したが、夜眠るとこのまま朝目覚めないのではないかという不安にとらわれるようになった。

やがて、病床で身体を起こし、パソコンで原稿を書けるくらいには回復した。それを見た主治医は「本は書きなさい。本は残るから」といった。この医師の言葉が、「私は残らない」という意味であることはすぐにわかったが、本を書くことが「余生」の仕事なのだと理解した私は退院後の人生の指針が見えたと思った。

こうして私が病床で書き始めたのは「心筋梗塞生還記」と題する闘病記録だった。翌年、冠動脈バイパス手術を受けた時にも細かく手術前後のことや手術の経過などについて書いた。これらは出版には至らなかったが、インターネット上で公開すると、同じ病気で倒れた人や家族など少数ながら読者を得た。

同じ病気になり、同じ手術を受けた者でないと共有できない経験はたしかにあるものだ。がんの闘病記は数多あるのに、心筋梗塞の闘病記はあまりないことを知った。それで、それなら私が書くしかないだろうと思ったのだ。

若い時、大学に就職するために論文を書くことは苦痛だった。病後は、元気だった時のように何時間も書き続けることは体力的にできなくなっていたが、同病の人の力になりたいと思ったし、そう思えると、書くことは苦痛ではなくなった。必ずしも明確に意識していたわけではなかったが、就職するために書いた論文、「泣きながら」拾い上げた貝は少しも美しくはなくなったけれど。

振り返ると、「本は書きなさい」と医師にいわれた私は、この頃はなお「仕事」にこだわっていたと思うが、朝、目が覚めたら、とにかく、その日にすることがあるとありがたいと思えるようになった。

世界をありのままに受け入れる

老い、病、死。人生は苦しみに満ちている。この世界に起こることにはすべて意味があり、人間の目にはどれほど理不尽に見えようと、悲惨な出来事にもすべて意味があるのだという摂理を信じられる人であれば、どのようなことがあっても受け入れることができ、その後の人生を積極的、前向きに生きていく契機にすることができるだろう。しかし、実際に自分や家族、親しい友人に災難が降りかかれば、やはりとうてい受け入れることはできないのではないだろうか。

アドラーは、途方もない重荷を担って人生を歩む人にとって、この世界は「嘆きの谷」だといっている。「嘆きの谷」とは旧約聖書の『詩篇《しへん》』に出てくる言葉である。エルサレムへ巡礼に出る人は、乾燥のために枯れて荒れ果てた谷底の道を歩んで行かなければならなかったのだ。

しかし、その同じ『詩篇』で、神のおかげで勇気を出し、心に広い道を見ている人は

「嘆きの谷を通る時にも、そこを泉とするだろう」ともいわれている。勇気のある人は嘆きの谷さえも泉と見るというのである。

嘆きの谷がないわけではない。また荒れ果てた谷底の道が泉になるというわけでもない。そうではなく、荒涼たる嘆きの谷自体を、そのまま泉と見るのである。

つまり、人生は、そもそもただ苦なのだ。苦しいこともあれば、楽しいこともあるというのではない。苦なのだ。だが、それでも、また人生は「泉」でもあるのだ。

人生は苦しい。だからといって、どうすることもできないと絶望することも、また怒りをぶつけることも、あきらめることも必要ではない。あるいは、人間を超えた力に救いを求めることもない。ありのままに受け入れる。その上で、その世界に働きかけていかなければならない。

ある出来事や経験から、誰もが同じ影響を受けるのであれば、人は外界からの刺激に単に反応する存在（反応者、reactor）でしかなくなるだろう。そうではなく、人は行為者、actor なのだ。アドラーのオーストリアでの後継者となったジッハーは、「行動に問題があっても、刺激に反応している（react）のではなく、自分自身の進化における役割、社会における位置についての考えに応じて行動している（act）」といっている（Lydia Sicher, *The Collected Works of Lydia Sicher*）。

自然界の出来事は自然法則に従い必然である。同じく人が老い、病気になり、死ぬのもやはり必然である。しかし、人間には自由意思がある。自分がどれほど空腹であっても、自分よりも食べ物が必要な人がいたとすればその人にそれを譲ることができる。自由意思があればこそ、苦しみの中でも生きる価値を見出せるのだ。

困難な状況を受け入れた時、それはその人の選択となる。

挫折は失敗にすぎない

それでも時には挫折する。

どんなに頑張っても、自分が目下その中にある困難な状況から抜け出せないことがある。そもそも人生には頑張ることさえできないこともあるのだから。

しかし、これも考えようである。挫折も人間の成長には必要だからだ。人は、首尾よくやり遂げただけでは学べない。そのような時は思いのほか、学べない。たまたま失敗しなかっただけかもしれないのだから。しかし、挫折した時はなぜこんなことになったか考えないわけにはいかない。何も考えない人はまた同じ失敗を繰り返す。挫折の経験からこそ学ぶことは多いのである。

挫折が致命的なものに思えるのは、成功を目標にしている時である。三木清によれば、成功とは「過程」に関わる概念である（『人生論ノート』）。成功するためには、何かを達成しなければならないということだ。

成功することそれ自体が駄目であるわけではないだろう。しかし、人は必ず成功するとは限らない。むしろ、成功を目指していても挫折することはある。その時にどうするかを考えておかなければならない。

あるいは、成功だけを目標にして生きることがそもそも問題だともいえるだろう。成功だけを目標にして生きる人には、人生の行く手を塞ぐ困難は単なる成功の妨げでしかない。このような人にとっては、たしかに挫折は大きな躓きになり、致命的なものに思える。

この意味においては、幸運でさえも成功を脅かす。幸運に恵まれるかどうかは自分で決められず、幸運に恵まれたとしても、いつまでも続かないのではないかと思うと安閑としてはいられない。

三木は、幸福は成功とは違って「存在」に関わるといっている。幸福であるために何かを達成する必要などはなく、ただ単に今、人は幸福で「ある」ということだ。幸福とは、「なる」ようなものではないのである。

幸福は何かによって得られるものでも、反対に失われるものでもない。だから挫折したとしても、幸福は、そのことからいささかの影響も受けることはない。

有名大学を何回も受験し続けたが、結局、目指す大学に入れなかったという人がいた。彼が目指したのは成功だった。だから、受験に成功しさえすれば、その後の人生は順風満帆になるはずだった。そのような人にとっては、受験に失敗すればそれが大きな躓きになる。

しかし、受験に失敗したという意味での挫折は、たしかに彼が成功者として生きることを不可能にしたかもしれないが、そのことと、彼の幸福とはそもそも何の関係もないのである。彼は受験に失敗したから不幸になったわけではないのだから。

反対に、目指す大学に合格できたら幸福になれるというわけでもない。人は何かを達成すれば幸福になるのでも、失敗、挫折したから不幸になるわけでもなく、何も達成しなくても幸福で「ある」ことはできるのだ。

受験すれば、成功することもあれば、失敗することもあるだろう。だがたとえ失敗してもそれは挫折ではなく、単なる失敗にすぎない。失敗してもやり直せる。大学で学びたいのであれば、別の大学を目指せばいいだけのことであり、そもそも大学進学に固執することもない。大学でなくても学べるからだ。

このように、仮に同じ出来事を経験したとしても、それをどう受け止めるかは人それぞれである。ある経験が挫折になるということは、その経験をした人がそれを挫折と見ているということにすぎない。

さらに、三木によれば、成功は一般的、量的なものだが、幸福は各人にオリジナルなもの、質的なものであるという。

いい学校に入っていい会社に入るというような成功は、誰にとってもわかりやすい。偏差値や給与など、量で測ることができるからだ。

有名大学に入学すれば幸福になると思っている人は、この量的な成功を求めているだけである。そのような人にとっては、受験に失敗することは、たしかに大きな挫折になるだろう。

他方、人からは挫折に見えるようなことを経験したとしても、それを挫折とは見ない人がいる。それどころか、あえて成功者としての人生を選ばない人もいる。そのような人は、自分で人生を選んでいる。そのような人が選ぶ人生は一般的なものではなく、「オリジナル」なものである。だから、このような人生を生きようとすることは、大方の人には理解できないだろうし、各人にオリジナルで質的なものである幸福は一般的なものではないので、成功者のように追随されたり嫉妬されたりもしない。大きな会社の後継者になる人は嫉妬されるかもしれないが、後継者にならずに自分が本当にしたいことをするために、他のきょうだいに会社を譲るというようなことをする人がいても、誰からも理解されず、嫉妬もされないだろう。

私の友人は、父も祖父も医師という家庭に生まれ育った。ところが、将来医師になることを期待されていた彼は医学部には進学しなかった。そのことを親は反対した。しかし、理解されようがされまいが、親であっても他者の期待を満たすために生きているのではない、自分の人生を生きなければ意味がない。そう彼は考えたのだ。

彼が医師にならず、医院を継がなかったとしても挫折したのではない。自分で決めた人生であれば挫折とはいわない。成功者として生きることを拒み、彼自身のオリジナルで質的な幸福を追求したままでである。

実際には、彼は一度は医学部に進学しないことにしたが、後に医師になることを志し、医学部に入り直した。親の勧めるままに何の疑問も抱かずに医学部に入学していたら、たしかにこのような回り道をしないですんだかもしれない。

しかし、医師になる道から一度外れることで、医師になることの意味について熟慮したに違いない彼は、人生で成功するために医師になったのではなかった。

小学生の頃から受験勉強に励み、進学校に入学した中学生は医学部に入ることを夢見る。首尾よく入学した中学生は知らないのだ、患者のために働く医師という仕事がどれほど大変かということを。

やがて医院を継いだ私の友人は、今は深夜でも休みの日でも要請があれば患者宅に往診に出ることを少しも厭《いと》うことがない医師になった。

必要な苦しみ

飛行機がひとたび飛び立つと、着陸する時までは空を飛んでいることすら感じない。ところが、乱気流に巻きこまれ、機体が激しく揺れると、墜落するのではないかと不安になる。

生きることについて、それがどういうことなのかを格別考えないでもいられるとすればありがたい。しかし、人生が順風満帆のはずもなく、幾多の困難がいつも行く手に立ちはだかる。

しかし、これまで見た通り、成功した時ではなく、挫折した時にこそ学ぶことができる。

たしかに挫折した時は苦しい。しかし、その苦しみに必ずしも打ちのめされるというわけでもない。挫折した時に限らず、生きていれば様々な困難な目にあう。生きることは何と苦しいことかと嘆息する。しかし、苦しみや困難は、実は鳥が飛ぶために必要な空気抵抗のようなものなのだ。鳥は真空では飛ぶことができない。空気抵抗としての風の中でこそ、鳥は飛翔することができる。あまりに風が強く鳥が押し戻されているのを見ることがある。それでも飛ぶのをやめない鳥を見ていると、生きているというのはこんなことなのだと思う。

第二章　病

人生で苦しいこととしてあげられる代表的なものといえば、先程も少し触れたように老い、病、死である。

たしかに、病気も老いも死も避けることはできない。しかし、避けられないとしても、それと向かい合う考え方はあるはずだ。

本章では、病について、次章で老いについて見ていこう。

当たり前の喪失

多くの人は、漠然とであれ、これからの人生をどう生きようかと考えている。それだけでは飽き足らず、遠い将来までも見据えて人生設計をする若い人もいる。その設計では、明日という日は今日という日の延長として当然こなければならないとされる。

ところが、病気になるとその人生設計はたちまち狂う。重い病気であれば、学業を続けられなくなったり、仕事を辞めなければならないこともある。本人だけではない。家族にも影響が及ばないわけにいかない。

私の場合は、母が入院した時には、妹は結婚して家を出てしまっていたので、私と父がもっぱら母の看病をした。初めに入院していた病院から脳神経外科のある病院に移ってからは、家から病院まで片道二時間ほどかかった。

父と私の二人が同時に家にいることはできなくなった。ついこの間までは、家族四人で暮らしていたのに、皆がバラバラになったような気がした。

母が倒れた時、父は昼間仕事があったので、私は大学の講義に出ることを断念した。前にも述べたように、母は若かったのですぐに回復するだろうと思っていたが、三ヵ月で亡くなった。闘病生活が何年も続くということもありえたので、そうなっていたら私は大学をやめなければならなくなったかもしれない。

私自身が病気で倒れた時にはたちまち仕事を失った。常勤職であれば、こんなことにはならなかっただろうが、非常勤講師だったので、学校は次週に講義にこられない講師の退院を待ってはくれなかった。

このように、病気になると仕事が以前のようにはできなくなる。そのために収入が減ると生活は一変する。

さらに、病気は個人の問題にとどまらず、対人関係の問題にもなる。介護の必要な親を引き取ると、親がやってきた途端に家族の関係が変わってしまう。

幸い私はひと月ほどで退院することができた。身体はかなり回復し、仕事も少しずつ再開し、病気になる前と同じほど仕事ができそうだと考え始めた。ところがその矢先、今度は父の認知症が発覚した。私はもっぱら家でできる仕事をしていたので、私が父の介護をすることにした。常勤の仕事に就いていなかったことが幸いした。

私の場合は父の介護をすることができたが、今の時代、介護離職を余儀なくされる人も多いだろう。ところが、親を介護しなければならなくなって仕事を辞めたのに、ある時、介護をしている親が「お前は働かなくていいのか」といったので、親に一瞬、殺意を覚えたという人の話を新聞で読んだことがある。

このように見てくると、病気が対人関係の問題になることがわかる。これは、病気が対人関係に影響を及ぼすともいえるが、より正確にいえば、家族の誰かが病気になった時に、家族の対人関係の問題が顕在化するということである。

しかし、家族が病気になることの影響は必ずしも否定的なものばかりではない。むしろ家族の結束がそれまでよりも強くなることもある。何とかして家族の病気がよくなるように皆で協力しようと、気持ちを一つにするからだ。

価値の見直し

病気によってもたらされる変化は、生活面に限られたことではない。病気になるまでは価値があると思っていたことに、少しも価値がないことに気づくことがある。

三木清は「精神のオートマティズム」という言葉を使っている（『人生論ノート』）。人は通常の生活においてはあまり考えないのである。文化というのは、常識の集大成のようなものなので、ある文化の中で生まれ育った人は、その文化で自明で常識となっている考えに無意識に囚われてしまっている。だから、自分で考えているつもりでも実際には誰かの考えの受け売りでしかないことが多いのだ。

この精神のオートマティズムを破るのが懐疑であると三木はいう。何事もなければ、自分にとって疑う余地もない、常識となっている考えが、本当に正しいかどうかなどとは考えもしないだろうし、疑ってかかることもないかもしれない。

しかし、病気は精神のオートマティズムを破る。病気は人に影響を及ぼさないわけにはいかない。病気になる前は自明だったことも疑わないわけにはいかなくなる。人生や幸福について否でも応でも考えざるをえなくなる。病後、前と何ら変わりなく生きているように見える人でも病気の前には戻れない。

第一章で見た三木の喩えでいえば、美しいと思っていた貝が少しも美しいとは見えなくなるということだ。そうなると、病気になる前と後とではまったく違うことに人生の意味を見出していかなければならなくなる。

しかし、「美しいと思っていた貝が少しも美しいとは見えなくなる」ということには必ずしも否定的な意味しかないわけではない。

病気になって、自分にとって本当に重要なことはお金でも名誉でもないことに気づいた人は、病気になるまでは成功することこそが幸福であると思っていたとしても、成功することに意味があるとは思えなくなる。反対に、病気の前は美しいとは思っていなかった貝の存在に気づくかもしれない。

一度病気をした後で生還し、元の世界に戻った人は、プラトンの『国家』で描かれる哲学者のようでもある。一度「常に恒常不変のあり方を保つもの」（イデア）を見てしまったら、それまでいわば火の光で投影されて壁に映っている影が実物だと思っていたが実はそうではなかったことを知り、そうなるともはや影を本物だと見誤ることはなくなる。

三木の喩えでいえば、本当に美しい貝を見てしまった人は、美しくない貝を美しいとは二度と思わなくなるのである。

回復しなくても

病気といっても様々で、すぐには治らない病気もある。治癒ではなく寛解《かんかい》ということでようやく退院を許されるような病気は、退院後も病気と付き合って生きていかなければならない。再発の恐れもある。さらには、病気が不治であることもある。

病気になった人には何が起こるのか。病気になることで、それまでとはどのように違う見方をするようになるのか。

治癒が難しいとされる病気の場合について見てみよう。

石田衣良《いしだいら》に『美丘《みおか》』という小説がある。クロイツフェルト＝ヤコブ病に罹患《りかん》した大学生の美丘が主人公である。テレビドラマ化もされた。

クロイツフェルト＝ヤコブ病というのはタンパク質の一つであるプリオンの異常型が脳に蓄積することで脳の機能が障害される病気である。震えや痙攣《けいれん》、麻痺などの神経系の運動障害や認知症状が急速に進行する。病気の制御はできず、治療法、治療薬はない。

美丘は主治医から病気の説明を受けた。医師はその際、脳の断層写真を見せた。

「病気のことはわかりました。それで、わたしはあとどれくらいわたしらしく生きられるんですか」

それに対して、医師は、発症後の生存期間は三ヵ月から二年くらいと幅がある、後期には動作不全や歩行困難などの運動失調と記憶や言語障害が現れると答えた。しかし、この答えは美丘の期待していたものではなかった。後で、「ただの復習だったね。全部わかってることばかり」と医師の説明について語っている。

医師はたしかにクロイツフェルト＝ヤコブ病という病気については説明した。しかし、医師が病気について一般的なことをどれだけ詳しく話しても、患者にはあまり意味がない。生存期間に幅があることを知っても、これも患者には意味はない。一〇人のうち八人は助かるというようなことを医師からいわれても、自分は助からない二人かもしれないからである。

美丘が知りたかったのは、後どれくらいの期間生きられるかではなく、後どれくらい「わたしらしさ」が保たれるかということだった。

この美丘の問いに答えるためには、わたしらしさ、わたしらしく生きるとはどういうことかということを、まず医師自身が知っていなければならないだろう。医師がこの問いに答えられなかったのは、医師が美丘の問いの意味を理解できていなかったからである。

それでは、美丘自身はわたしらしく生きるということ、わたしらしさがどういうことかわかっていたのかといえばこれも疑わしい。

「昨日まで普通にできたことが、今日はできなくなる。こんな毎日は地獄だよ」といっていることからもわかるように、いろいろなことができなくなるとわたしらしくなくなる、そう彼女は考えているからだ。

美丘は、次のようにもいっている。

「たくさんの思い出や、わたしがよくつかう言葉や、生活習慣だとか。そういうものがどんどん失われちゃったら、わたしはほんとうにわたしのままなのかな」

ここで問題なのは、「わたしはあとどれくらいわたしらしく生きられるのか」という美丘の問いは、自分らしく生きられなくなる日がくることを前提にしていることである。

私は彼女と付き合っていた太一《たいち》の次の言葉がこの問いへの答えになると思う。

「能力や記憶や知性が失われてしまっても、その人らしい人柄は残る。それもますますつよく輝いて残ることになる」

料理を作れなくても、たくさんの言葉を忘れてしまったとしても、それでも美丘は素敵だった。彼は美丘の死後、この考えに到達したのだが、美丘もわたしらしさについてこのように考えることができていれば、自分が自分ではなくなり、愛されなくなってしまうのではないかなどと恐れなくてよかっただろうし、自分らしく生きられなくなる時がくると考えなくてもよかっただろう。

たとえ、症状が進んでいろいろなことができなくなり、記憶を保つこともできなくなったとしても、自分らしく生きられなくなるわけではないのだ。

とはいえ、今日できたことが明日はできなくなるかもしれないと思うとたしかに怖い。リハビリは今よりはよくなるという希望があればこそ励めるが、よくならなければリハビリをする気にはなれないという人もいるだろう。

しかし、できないことが日ごとに増えていくとしても、そのことで自分が自分でなくなってしまうわけではないのだ。しかし、そのように考えられるようになるためには、まず人間の価値についての見方を改めなければならない。

そもそも、人は人であるために何の条件もいらない。逆にいえば、何かの条件を満たせないからといって、人でなくなるわけでもない。たとえ身体を動かすことができず、コミュニケーションを取れなくなっても、人でなくなるわけではない。このような条件を満たせば人であるとか、そうでなければ人ではないなどと決めつけてはいけない。

問題は三つある。

一つは、医師には病気についての一般的な説明しかできないことである。だが、他ならぬ目の前にいる「この」人には一般的な説明は当てはまらない。医師は目の前にいる患者について、この人は今はもはや脳死状態であると宣言するが、その時、医師が見ているのは「この」患者ではなく「人一般」でしかない。

もしも目の前にいる患者が自分の肉親であれば、この患者はもはや人ではないと断言できるだろうか。たとえ体温・呼吸・脈拍・血圧などの生きている状態を示す指標であるヴァイタル・サインが患者の死を表していても、家族は脳死状態だが人工呼吸器によって生かされているだけで死んでいるのと同じだというような説明を医師から受けても納得はできないだろう。医師は人一般を見るが、患者の家族にとってはベッドで横たわっているのは、長く共に生きてきた「この人」なのだ。

もう一つは、この条件というのは人についての「属性」にすぎず、その人の価値、あるいは本質ではないということだ。誰かから自分の属性について評価されたとしても、そのことは自分の本質にはまったく関係はないのだ。

若い人が誰かと付き合ったり、結婚しようと思う時、この属性は重要な役割を果たす。年収がいくらであるとか、学歴、さらには身長までもが問題にされる。それらの条件を満たせない人は結婚の候補者リストから外される。若い人は、やがて歳を重ねたり病気で倒れたりすると仕事ができなくなることがありうるということを想像できないのかもしれない。そうなれば、収入の道が途絶えてしまうかもしれないが、相手が高収入であることを条件にして結婚に踏み切った人はその時には離婚するのだろうか。若さや美貌を結婚の条件にしていた人は、相手が歳を重ね、若い時のような容色を保てなくなった時、もはやこの人は若い時とは違う人になったというのだろうか。条件というのはどんなものも、いつかは満たされなくなるものだ。

さらに、ここで問題なのは、こうした条件が生産性の観点からのものであることだ。あとで問題にするように、何かができること、何かを作り出せることに価値があるとされる今の時代にあっては、身体を動かせなかったりコミュニケーションを取れない人はもはや人ではないと見なされるのである。

「ない」未来には希望は持てない

病状が進み難しい漢字を書けなくなった美丘は、ある日、大学に講義を聞きに出かけた。教授は、講義の中でフロイトと対比してアドラーに言及する。

「フロイトはトラウマを重視しますが、アドラー心理学においてはトラウマの影響は限定的です。ある人の人格を決定するのは、過去よりもその人の希望や将来の目標であると考えたのです。人格を決めるのは、過去ではなく未来だと」

しかし、この講義を美丘と共に聞いた太一は、「一見希望にあふれているようにきこえるが、それは厳しい言葉だった。では未来が閉ざされていくきみには、なにが残るのだろうか。未来や希望がなければ、その人はその人らしく生きることはできないのか」と考えた。

希望が未来にあるのなら、回復を望めず、未来が閉ざされている美丘は希望を持てず、美丘らしく生きることもできず、絶望するしかないことになるだろう。

たしかにアドラー心理学は目的論に立つが、しかしアドラー自身は目的を将来の希望と結びつけてはいない。行動や症状には目的があるとしても、その目的が未来になければばならない必要はない。あることをするかしないかは、「今」の自分にとって有用であるかどうかだけを考えて選択すればいいのである。

美丘は鉛筆を手にして、真っ白なノートの中央に大きな字でこう書いた。

「みらい　きぼう　じんかく」

小説の別のところでは、この「じんかく」は「その人らしさ」といわれている。

希望は「今ここ」にある

美丘は今後自分に起こることを、医師から説明されるまでもなく知っていた。ではその上でなお、「みらい　きぼう　じんかく」と書いたのはなぜか。

そもそも、本当に希望とはそれが未来に向けられている時にしか持てないのだろうか。逆にいえば、人は「今ここ」で希望を持つことはできないのか。美丘のように絶対に未来に希望を持つことのできない境遇に陥ってしまった人は、それではどう考えればよいのか。

希望を未来に結びつけてはいけないのである。

いけないというより、むしろ希望を未来に結びつけることはできない。未来はないからである。

未来は「未だ来ていない」のではなく、ただ「ない」。どれほど明日起こるであろうことを想像したとしても、それは「今」想像している未来にすぎず、本当の意味での未来ではない。実際、明日という日になったからといって、前日に思い描いていた通りになることは決してない。

尹東柱《ユンドンジュ》の「明日はない」という詩がある。この詩はある年の一二月二四日に書かれた。詩人の子どもの時の経験を書いているのだろう。サンタからのプレゼントを早く手に入れたい子どもはなかなか寝つこうとはしない。親は子どもに「明日になったら」という。

「明日って？」

親は答える。

「夜眠って夜が明ける時、明日だ」

ところが、

「新しい日を求めていた私は
眠りから醒めて見回すと
その時はもう明日ではなく

今日であった」

目を覚ました時は「明日」ではなく「今日」である。

未来がないのであれば、「ない」未来に希望を持つこともできない。

今ここを生きる

ここで、「生きる」ということについて、少し哲学的に考えてみよう。

まず、人の生は誕生から始まって死に終わるという直線的な見方だけが、人生についての唯一の見方ではないことを知らなければならない。

アリストテレスは、人生について、キーネーシス（動）とエネルゲイア（現実活動態、活動）という、二つの運動の概念の対比を用いて論じている（『形而上学』）。

キーネーシスとは、始点と終点のある運動のことである。この動きはできるだけ速やかで効率的であることが望ましい。ここでは、目的地に着く前の動きは、いまだ目的地に達してはいないという意味で未完成で不完全である。

「あなたは今、人生のどのあたりにいますか」とたずねると、多くの人は人生を直線としてイメージするので、つまり、人生をキーネーシスと見ているので、若い人であれば直線の左の方を、年配の人であれば右の方を指す。常識的には、人生も誕生で始まり、死で終わると考えるので、このような答えが返ってくるだろう。

平均寿命くらいまで生きられるだろうと考えている人は、平均寿命を基準にして、今は人生の半ばを過ぎたくらいにいるだろうとか、若い人であれば、まだ折り返し点まで行っていないと答えるだろう。これは長生きすることを前提にした答えだが、本当のことは誰にもわからない。実は、その地点をとっくに通過しているかもしれないのだから。

人生をこのように見ることに何の疑いも持たない人は、「人生百年時代」という言葉も真に受ける。仮に平均寿命が延びたとしても、自分が長生きするとは限らないことには気づかない。

人生を直線的に見ることが決して自明ではないことは病気をした時にわかる。当然、くると思っていた明日がこないかもしれないことに思い至るからである。さらには、未来がまだきていないのではなく、ただ「ない」ことにも気づく。また、あまりにも痛みや苦しみがひどいので、今日という日が明日も続くと思いたくない人さえもいるだろう。

また、キーネーシスにおいては、効率的であることが求められる。目的地に着くだけでなく、できるだけ早く着かなければならない。

一方、キーネーシスに対して、エネルゲイアにおいては、「なしつつある」ことがそのまま「なしてしまった」ことになる。その動き、行動、行為は常に完全で、「どこからどこまで」という条件とも無関係で、キーネーシスとは違ってその目的は行為そのものの内にある、つまり、行為自身がそのまま目的であるエネルゲイアは効率とは無縁である。

和辻哲郎《わつじてつろう》が『風土』の中で、初心者に素描を教える津田青楓《つだせいふう》画伯の言葉を紹介している。画伯は石膏の首を指差しながらこういった。

「諸君はあれを描くのだなどと思うと大間違いだぞ、観るのだ、見つめるのだ。見つめている内《うち》にいろんな物が見えて来る。こんな微妙な影があったかと自分で驚くほど、いくらでも新しいものが見えて来る。それをあくまでも見入って行くうちに手がおのずから動き出して来るのだ」

和辻は、この画伯の言葉は画伯自身が理解していたよりも重要な意味を含んでいるとして、次のようにいう。

「『観る』とはすでに一定しているものを映すことではない。無限に新しいものを見いだして行くことである。だから観ることは直ちに創造に連なる。しかしそのためにはまず純粋に観る立場に立ち得なくてはならない。単に手段として観るのならば、目的に限定せられた範囲以上に観る働きは進展しない」

描くために観るのではない。純粋に観る。そうすれば、手も「おのずから動き出して来る」。

和辻は「観の自己目的性」という言葉を使う。観るとは何かのためではなく、それ自体が目的である。絵の場合は、観た後で手が動き出すだろうが、「単に手段として観るのならば、目的に限定せられた範囲以上に観る働きは進展しない」ことになる。

和辻はここで、アリストテレスのエネルゲイアについて語っているのである。生きることも観ることと同様エネルゲイアであり、生きることの目的は内在し、何かのために生きるのではない。

何かのために生きる人は「今」をふいにする。くることの保証がない未来を俟《ま》つ。生きることはキーネーシスだと考えているので、すなわちこれからも人生が続くことを信じて疑わないので人生設計をすることができる。目標を立て、その目標に従って、できるだけ回り道をすることなく効率的に生きること、それが人生だと考えている。

しかし、効率的に生きることには意味はない。人はみな最後は死ぬのだから、これでは結局、無駄なことはしないで早く死ねばいいことになってしまう。

大抵の人は死のことなどは少しも考えたくはないだろう。それでも、病気になって思い通りに人生を生きることはできないことを知ると、急がなくても、寄り道をすることも立ち止まることもあってもいいのだと思えるようになる。急ごうと思っても急げないのなら、電車の中で走るようなことはもうやめよう、そう思えるようになった時、過去はもはやなく、未来もない。「ある」のは「今」だけになる。今をていねいに生きる時、こうして生きることはエネルゲイアになる。

病気になった時だけではない。何かの機会にふと立ち止まった時、あまりに目が過去と未来にばかり向いていて、今日という日を生き切れていなかったことに気づく。

夫が病気で倒れ、幸い一命をとりとめたが、医師から必ず再発するといわれた人がいた。どういう心持ちでこれから生きていけばいいかとたずねられ、私は次のように答えた。

再発するかしないか、再発するとしてもいつ再発するかは誰にもわからない。そうであれば、再発を恐れることなく、日々を大切にして仲良く生きよう。再発したらその時にはたしかにどうするかを考えなければならなくなるが、いつ再発するかを思い煩わず、共にいられる今日という日を大切に過ごすことだけが今できることである。

治療によって再び健康を取り戻すことはできるとしても、健康を取り戻すまでの人生も仮のものなどではなく、治療を受けている今のこの人生しかないのだ。病気の時に本来的ではない不完全な人生を送っているわけではないのである。

また、病気が治って初めて本当の人生が再び始まるのでもない。病者にとって「ある」のは病気である今だけであり、その今だけが現実である。病気が最終的にどうなろうと、今だけが人が生きられる時間であり、本当の人生なのだ。

これは、病気でない時も同じである。何かの目標を立てたとしても、その目標を達成する前の時間も仮のものではなく、その時間こそが本当の人生である。

どこにも行かなくていい

さらにいえば、どこにも行かなくてもいい。「ここ」にいてもいいのだ。

認知症を患っていた父がある日、思いつめた表情で起きてきた。父を自宅で介護していた時のことである。

「今日中に帰る」

父が前に一人で暮らしていた家は引き払っていたので、父にはどこにも帰るところはなかった。突然、帰ると父が言い出したので私は驚いたが、何を思ってそういったか話を聞くことにした。父は今住んでいる家は仮の住まいで、「あっち」へ帰らなければならないと思っていることがわかった。

「あっち」は一人で長く暮らしていた家だったのかもしれないし、生まれ育った父の実家のことだったのかもしれない。

私は父に、ここは仮の家ではなく自分の家であり、もうどこにも帰る必要はないことを説明した。父は私の説明を聞いて、ようやくここが終《つい》の住処であることを理解した。

「では、もうどこにも行かなくていいんだな」

どこにも行かなくてもいい、ここにいてもいいと思えることは大切である。今のこの人生だけがすべてであり、違う人生を生きなくてもいいのだ。

動かない

イエスたち一行が、エルサレムに向かって進んでいる時に、ある村に着いた。すると、マルタという女がイエスを家に迎え入れた。

彼女にはマリアという姉妹がいた。マルタがイエスをもてなすために働いている時に、マリアはイエスの足もとにすわって話に聞き入っていた。

マルタは少々腹を立てて、イエスにいった。

「主よ、私の姉妹は私だけにもてなしをさせていますが、なんともお思いになりませんか。手伝ってくれるようにおっしゃってください」

イエスは答えた。「マルタ、マルタ、あなたは多くのことに思い悩み、心を乱している。しかし、必要なことはただ一つだけである。マリアは良い方を選んだ。それを取り上げてはならない」（『ルカ福音書』）

ドイツの神秘主義者、マイスター・エックハルトが、この箇所を取り上げて、「マルタは、マリアがこの幸福感の内に立ちとどまったまま、先に進まなくなることを恐れたのである」（エックハルト『エックハルト説教集』）といっている。

マリアが動かなかったのは、今ここでの幸福を選んだからだ。本当に幸福な人は立ち止まって動かなくなる。ここ以外のどこに行かなくても幸福だからだ。そのことを確かにつかみとった人は、この上、何かを求めて動くことはない。

「今」を価値判断しない

さて、以上のことを踏まえて次に考えなければならないのは、「今」をどう見るかである。今がたとえどんなものであっても、それに善悪という価値判断をしてはならない。先に見たように、生きることは苦である。だがそれでも、生きる苦しみをただ苦しみとだけ受け止めて、それを善いとか悪いとかという判断はしないということである。

もしも今自分が患っている病気が回復が難しいとしても、それをそのまま受け止める。それだけである。病気である今の状態、しかもその病気が治癒する可能性があまりないと思われる時でも、その状態を暗澹《あんたん》としたものとは見なさない。

通常、病気になる前の健康な状態がプラスで、病気になることはマイナスと見なされる。だが、そのようには考えない。といって、反対に病気が何かよいことであるとも見ない。病気も老いも、どちらも善でも悪でもないからだ。

どんな状態にあっても、人の価値は変わらない。たとえ病気のために何もできなくなったとしても、さらには過去の記憶を失ったり、人が変わったように見えたりすることがあったとしてもである。

たしかに家族や友人は、共に長く生きてきた人から「あなたのことを知らない」といわれることは悲しく、とうてい受け入れがたいだろう。しかし、最初は過酷な現実を受け止めることができなくても、家族や友人であれば、それでもその人が生きていることがありがたいと思え、どんな状態であってもその人の存在を受け入れることができるのではないだろうか。それが今の現実であれば、その現実を受け入れるところから始めるしかないからだ。

病人自身も、自分をそのように見てはいけない。どんな状態の自分であっても他者に受け入れてもらえるはずだと思いたい。もしも、今自分が他者をどんな状態であっても受け入れることができるのであれば、自分も受け入れられると思えるだろう。

だから先ほどの、「わたしはあとどれくらいわたしらしく生きられるんですか」という美丘の問いにはこう答えることができる。

「ずっと」と。

美丘がノートに記した「じんかく」は何があっても変わることはないからだ。

病気の家族への影響

とはいえ、家族の誰かが病気になると、近くにいる人の人生が大きく変わることも事実である。そのことがわかっているので、家族に迷惑がかかると考えて、延命治療を拒む人がいる。

病気になって何もできない人間が自分には生きる価値はないと考えているということ、つまり、自分の価値を生産性だけに見ているということや、そもそも生きている価値があるのかと思うことの何が問題なのかについてはすでに見た通りだが、家族にとって、病気を患うことは、本当に本人が考えるように「迷惑」なのだろうか。

先にも見たように、人は人であるためには何の条件もいらない。だから美丘はたとえ何もできなくなってしまったとしても、言葉を失ってしまったとしても美丘だった。

この、人は生きているだけで他者に貢献し価値がある存在であることは、病者だけのことではない。

看病や介護をする側も、病人に貢献することで自分に価値があると思える。何か特別なことをしようなどとは思わなくてもいいのだ。誰もが、何もしていなくても他者に貢献しているのだ。そして、他者に助けを求めることも、他者を煩わせるわけではなく、逆に、助ける人に貢献する機会を与えるという意味で貢献することになっていることを知ってほしい。

美丘と付き合っていた太一はいう。

「愛情なんて、別にむずかしいことではまったくない。相手の最期まで、ただいっしょにいればそれでいい。それだけで、愛の最高の境地に達しているのだ」

私の父は長く狭心症を患っていた。カテーテルの治療を受け、半年ごとに検査入院をしていた。いつか何度目かの入院の時、父の容態が急変した。血圧が見る見る下がっていき、私は父の死を覚悟した。幸い、父は一命を取り留めたが、少し落ち着いた時、父のほうが私の身体を気遣ってくれた。私は、父が病気の最中にあっても気遣いができることに驚いた。

後に認知症を患った父は、やがて食事をしている以外の時間は眠ってばかりいるようになった。そうなる前は父を車椅子に乗せ外に散歩に行ったり、話をしたりして過ごしていたが、そんなこともできなくなった。だが、ある日、

「こんなに寝てばかりだったらこなくてもいいね」

といったら、父はこう答えた。

「お前がきてくれているから安心して眠れるのだ」

私は介護をするからには何かをしなければならないと思い込んでいたが、父は何もしなくても、ただいるだけでも人に貢献できることを私に教えてくれた。

母親の看病をしていた時には母の病床にずっといたが、やがて意識を失った母のためにできることはほとんどなくなった。しかし、もしも母が言葉を発することができたら、やはり父と同じことをいったのではないかと思う。

子育ては、今日できないことを明日できるようになるかもしれないと思えるからこそ頑張れる。だが、介護は今日できたことが明日できなくなることがあるのでつらい。そういう人がいる。

しかし、子育ても介護も「今」しかないという意味では同じなのだ。今日を親や子どもと共にいられること自体を喜びだと感じられたら、思いも変わってくるだろう。子どもは大きくなれば今はできないことができるようになる。しかし、何かができるようになるから子育てに喜びを感じられるというわけではない。子育ての時も、「今」共にいることが何よりの喜びであるのだから。

親は次第にあれやこれやのことができなくなるかもしれない。だが、親が親であることにはそれでも何も変わりはない。その親と「今」、共にいられることが喜びなのだ。先のことばかりを思い煩って不安になる必要などないのだ。

病者も貢献している

自分では何もできない人の看病や介護をする時も、まだ自力ではできることがあまりない小さな子どもの世話をする時も、それを厭わないで、それどころか嬉々として看病、介護をできる人がいる。看病、介護、子育てはいずれも貢献感を持てる。もちろん、貢献感を持つためにすることではないが、病者のほうも家族が貢献感を持てるという貢献をしているのである。

宮沢賢治の二歳違いの妹、トシは、賢治の献身的な看病にもかかわらず、二四歳で亡くなった。最愛の妹を失った賢治は、押し入れに首を突っ込んで号泣した。

賢治の「永訣《えいけつ》の朝」はこの妹を詠《うた》ったものである。この詩の中で、トシはこういっている。

「うまれでくるたて
こんどはこたにわりやのごとばかりで

くるしまなあよにうまれてくる」

今度生まれてくる時には、病の苦しみにあっても、こんなに自分のことばかりで苦しまないように生まれてくるというのである。

病気の時には自分のことしか考えられなくなる。とりわけ、痛みがひどく苦しい時には、他の人のことまでは考えられなくなる。

しかし、この詩を読んで心打たれるのは、トシが自分のことばかりで苦しんでいるのではないことである。

みぞれが降った朝、トシは「あめゆじゆとてちてけんじや」(雨雪をとってきてください)と賢治に頼んでいる。そのトシ(詩の中ではとし子)に賢治はこう語っている。

「ああとし子
死ぬといふいまごろになつて
わたくしをいつしやうあかるくするために
こんなさつぱりした雪のひとわんを
おまへはわたくしにたのんだのだ
ありがたうわたくしのけなげないもうとよ
わたくしもまつすぐにすすんでいくから」

トシが雪を一椀取ってくるように頼んだことを賢治は、私を一生明るくするためだといえう。だが、トシ自身は自分がこんな形で賢治に貢献していることを知らなかった。賢治はそれが悲しいのだ。

生きていることがそのままで他者にとっての喜びであり、生きていることだけで他者に貢献している。だとすれば、病気になったからといって自分にはもはや価値がないとは思わなくてもよいはずだ。

しかし、トシはこのようには思わなかったのだろう。だから、こんなに自分のことばかりで苦しむことのないように今度は生まれてきたいといったのだ。だが、トシが雪を一椀所望したことは、本当に賢治の一生を明るくしてくれた。病床にある人も、家族らに迷惑をかけているのではないのである。

想像するに、もしも賢治が病気であればトシが看病しただろう。それなのに、兄に看病してもらっていることを受け入れることができなかった。だから、わがままな患者がするように、あれやこれやの用事を兄にいいつけることなどとうていできなかった。

そのトシが、死ぬ間際に雪を一椀取ってくることを兄に頼むことには勇気がいったことだろう。しかし、トシが頼んだ時、賢治は嬉しかった。お前は私に頼んだ、ありがとう。この「ありがとう」は妹に対して貢献できたことへのありがとうである。病者は家族に迷惑をかけるどころか、家族が貢献感を持てるという貢献をしているのだ。

詩では、トシが賢治を一生明るくするために雪の一椀を頼んだことになっている。だが、もとより、賢治は妹の存在そのものが自分を一生明るくすることを知っていたに違いない。

生きることは進化ではなく変化である

病気になると、たちまち多くの問題が起こる。仕事を失ったり生活に困ることになったりと、家族との関係に何らかの影響を及ぼすことになる。その意味ではたしかに失うものが多く、病気の状態はマイナスと見られる。だからこそ、病気になれば健康になりたいと思い、そのために治療を受け、薬を飲み、リハビリに励む。

アドラーは、人間の生活の全体は「下から上へ、マイナスからプラスへ、敗北から勝利へと進行する」といい、これを「優越性の追求」と呼んでいる（『人生の意味の心理学』）。しかし私は、病気の状態は「下」でも「マイナス」でも「敗北」でもないと考える。病者はただ病気という状態にあるだけなのであって、健康な状態と比べて劣っているわけではない。下から上、マイナスからプラスになろうと努力することを、「下」や「マイナス」とするのはともかく、病気を「敗北」と見るのは問題だろう。病者は敗北したわけではない。病気に征服されたわけでも、病魔に侵されたわけでもない。同様に、治癒した人も病気と闘って勝利したわけでもない。

「プラス」になることが望めないのであれば、延命措置を打ち切ればいいのか。たしかに簡単に決めることはできないとしても、病気や障害のために何もできない人は生きる価値がない、さらには生きていてはいけないという考えをよしとする人はやはりいないだろう。

先述のジッハーは、アドラーのいう優越性の追求は上下のイメージを喚起するが、アドラーが「生きることは進化だ」という時、その進化は「上」「下」ではなく、「前」に向かっての動きであり、ここに優劣はないと考えた（Lydia Sicher, *The Collected Works of Lydia Sicher*）。ジッハーによれば、人は皆それぞれの出発点から目標に向かって前に進んでいく、同じ地平を皆が進んでいくのであり、自分より前を歩いている人もいれば、後ろを歩いている人もいる、速く歩く人もいれば、ゆっくりと歩く人もいる、ただ単にそれだけのことである。

しかし、このように見ても、なお「前」に向かうことのほうが優れていると取る人は多いのではないだろうか。そもそも、人生が「進化」であると考える点では、やはりアドラーと同じである。

私は入院していた時、リハビリのために病棟と病棟をつなぐ長い渡り廊下を歩いた。その時、その廊下を歩く誰にも私は後ろから追い抜かれた。

この「追い抜かれる」という言い方をする時、私を追い抜いていった人が私よりも優れていることがすでに前提になっている。

ゆっくりであれ前に向かって歩けばいい。他の人は関係ないのだ、そう考えてみても、前に進むこと、前にいることが、前に進めない、後ろにいることよりも優れており、アドラーやジッハーの言葉を使えば、進化していることになるという考えは、なかなか否定できるものではない。

こうした進化の見地に立つ限り、仮にアドラーとは違って「上」「下」ではなく「前」「後」という見方を導入したとしても、やはり前には進めない老人や回復が難しい病者は若い人や健康な人よりも劣っていることにならざるをえないだろう。

リハビリの結果、やがて私は長い距離を楽に速く歩けるようになった。私よりも後からリハビリを始め、今はまだ短い距離をゆっくりとしか歩けない人を今度は私が追い抜くようになった。

しかし、だからといって私がその人よりも優れているわけではない。ただ歩いている場所が違うだけのことにすぎず、前を歩いていようが後ろを歩いていようが、それは優劣を持ち込むようなことではない。それぞれの人が自分のペースで歩んでいるだけである。治療を受けたり、リハビリに励むのは、マイナスの状態からプラスの状態になるためではない。また回復は病気の前と同じ状態に戻ることでもない。そもそも回復できない病気がある。だがそれでも、リハビリをしても意味がないということにはならないのだ。すでに見てきたように、人の価値は生きることにあるのだから、病気であるか健康であるかは関係はないのだ。

生きることについてさらに考えてみよう。

先に、生きることは「進化」ではないといった。それでは、生きることは何なのか。それは「進化」ではなく、「変化」である。

前に進めなくても、あるいはむしろ後退することになってしまっても、その時その時のその人のあり方のすべてが生きることなのであって、どのあり方にも優劣はない。すでに見たように、前にいることが特別優れているわけではないからだ。

生まれた時には何もできなかった子どもに日ごとできることが増えていくことも、健康な人が病気になることも、歳を重ね、若い時には難なくできていたことが思うようにできなくなることも、どれも単なる変化なのであって、以前の状態と今の状態とを比べて進化したとか退化したなどと見なくてもいい。

さらには、変化しないということも、やはり無変化という変化である。もっとも実際には変化しないものなどはなく、ただ単に変化に気づいていないだけである。子どものような目覚ましい変化はもはやないとしても、ゆっくりとした変化ならば自分の中にもあるはずだ。

といって、変化がいいということでもない。また変化しなければならないというのも間違っている。前と今とを比べて変化に気づいたとしても、あるいは、できるようになることもできなくなってしまうことも等価である。またさらには、変化がなければ、それはそれでありがたい。

脳梗塞で倒れた母の看病を週日はもっぱら私がしていたが、週末は他の家族に代わってもらっていた。週明け、早朝に看病を引き継ぐのだが、ずっと一緒にいる時には病状の変化に一々動揺することはないのに、週末しばらくの間だけ離れていた後で母のところへ行くと、その間に何かあったのではないかと怖くなった。そしてこのような時には大きな変化がなければ安堵し、ありがたいと思ったことを思い出した。

第三章　老い

老いは衰えではない

老いについても考え方は同じである。「今」「ここ」をただひたすらに生きていれば、老いもないし死もない。それらには、プラスの価値もマイナスの価値もない。

老いた今が若い時と比べて劣っているわけではなく、ただ単に老いという状態にあるだけである。若さと老いに優劣という価値の違いを見なくてもいい。

逆にいえば、健康や若さがプラスであると見なければならない必要もない。人が生きている人生のどの段階も他の人生の段階と比べて優れている、あるいは劣っているわけではないからだ。

それどころか、知慧の蓄積という意味において、年齢を重ねることにはむしろプラスの意味もあるのではないだろうか。

しかし、なぜ、老年は否定的にしか見られないのだろうか。それは人間の価値が生産性の観点でしか見られないからである。人を評価する時に何ができるかだけが決定的に重要なのであれば、歳を重ね、身体や知力が衰えるとたしかに生きる価値がないということになるだろう。

三木清は成功は進歩に関係するといっている（『人生論ノート』）。かつての右肩上がりの経済成長のグラフが連想される。老いると働けなくなるので、生産性的には自分に価値があるとは思えなくなる。今後の上がり目もないだろう。そのように思う人にとって、老いとは右肩下がりである。

しかし、このように見る必要はない。先に見たように、老いることは変化だと見ればよいのである。

プラトンの『国家』の中に次のような議論がある。壮年のソクラテスが高齢のケパロスに、老年は険しい道なのか、それとも楽に行ける道なのかをたずねる。

それに対してケパロスは、次のように答える。老人の中には、酒を飲んだり騒いだり、セックスをしたりというような若い頃の快楽が今では失われてしまったことを嘆き、かつては幸福に生きていたのに、今はもう生きてさえいないかのように嘆き悲しんだり、あるいは身内の者が老人を虐待するといってこぼす人がいる。そして、そういうことにかこつけて、老年が自分たちにとって不幸の原因になっていると訴える。

しかし、とケパロスはソクラテスにいう。

「彼らは本当の原因ではないものを原因としているように私には思える」

なぜなら、彼は若い時の情念という凶暴で猛々しい暴君から解放され、今や本当の平和と自由を愉《たの》しむことができるようになったからだ。

「端正で足るを知る人間であれば、老年もそれほど苦にはならない。しかし、そうでなければ、そういう人間にとっては、ソクラテスよ、老年も青春もつらいものになる」

ここでケパロスが端正で足るを知るのでなければ、老年もだが「青春もつらいものになる」といっていることに注目しなければならない。歳を重ねたからといって、誰もが老年を苦に思うわけではないし、逆に青春にも、「端正で足るを知る」人でなければ、やはり満足することはできないのだ。

もっとも、歳がいけば誰もが端正で足るを知るようになるわけではない。若い時に足るを知る生き方をしていた人は歳がいっても変わらない。足るを知らない人は、すでに必要なものを持っているのに、いつまでも満足できない。穴の空いた花瓶に水を注いでも、いつまでも水が満たないようにである。

たしかに、歳をとればできないことは増えるだろう。だが、そのことで必ずしも不幸になるとは限らない。かつて持っていたものが今はないと不平をいう人は、むしろ若い時にもそうだったはず。つまり、端正ではなく、足るを知らないのだ。とすればそのような人は、どんなものを手にしても、やはり満足することはできないだろう。

「若い頃、金儲けのことしか考えて生きてこなかった人は、他のことは何も知らない。

本を読むことを知らないから老年が不幸だと思うのだ」

私の高校時代の先生も、そういっていた。高校生の私が老年について正しく理解できたとは思わないが、先生が仕事を辞めたら、若い時に買いためた本を読むといっていたことをよく覚えている。残念ながら先生は早くに亡くなってしまったので、このような老後を送ることはできなかったのだが。

また、仏典にも次のようにいわれている。

「学ぶことの少ない人は、牛のように老いる。かれの肉は増《ふ》えるが、かれの知慧は増えない」（『ダンマパダ』）

成功することだけにしか価値を見出せずに生きてきた人は、本当の「学び」を知らない。だから老いる。老いるから知慧が増えないのではなく、学ぶことを怠ると老いるのだ。

プラトンは『国家』で、ギリシアの都市国家の市民としての義務について次のように述べている。若い頃は身体に配慮して基礎的な体力を鍛え、兵役の義務に就く。壮年になるとさらには兵役に加え、都市国家での公務に就くことが要求される。そして五〇歳になり、政治や兵役の義務から解放されたら、哲学に専心し、国の統治の任に当たる。

もちろん、それができるのは、数学などの予備的教科を修め、公務についての実務訓練を積んだ優秀な者に限られる。しかし、この哲学を学んだ哲人統治者には引退はない。交代で死ぬまで国の統治の任に当たらなければならない。プラトンの理想国家においては、人間は衰えるどころではないのである。

医学を例に考えてみよう。医師になるためには多くのことを覚えなければならない。若い医師はエネルギーがあるので一生懸命勉強し、最新の医学知識を身につけることができる。しかし、それだけで優秀な医師になれるかといえばそうではない。

診察時には、検査機器を使えば、患者が訴える痛みなどからどんな病気に罹患しているかをたちどころに突き止めることができる。これはもちろん、医師にとって必要なことだ。それなのに、若い医師の診察を受けると不安になることがある。なぜなのか。

一つは、臨床経験が足りないからだが、もう一つは、医師は病気は見ても「人」を見ないことがあるからだ。身体がだるい、熱があるというような症状を訴える患者に対し、医師はそれがどの病気による症状かを見極める。そして、その症状を支える主体、症状の責任者を細菌やがん細胞のように同定することで有効な対処をすることが可能になる。このようなことができるためには、たしかに科学としての医学の、しかも最新の知識が必要である。

しかし問題は、検査データを見れば、患者の病気が何かはわかり、それに対してどう対処すればいいかもわかるとしても、彼らが症状を訴える肝心の「人」を見ず、患者の気持ちを考えないことである。

台風何号という言い方をするが、台風という実体があるわけではない。あるのは雨風が強くて歩くこともままならないとか、大雨のため川が増水し氾濫するという気象現象だけである。それを雨風を運んでくる主体としての台風何号という名前で同定し、それが九州地方に接近するというふうに見るほうが適切で有効な対処をすることを可能にする。台風の移動速度を計算していつ雨風が最大になるかがわかれば、危険な状況になる前に避難できる。

病気の場合も、先に述べたように、身体がだるいとか熱があるというような症状が何の症状かを見極め、その症状を支える主体、症状の責任者を細菌やがん細胞のように同定すれば有効な対処をすることが可能になるだろう。医師の仕事は何よりも症状の主体である病気を叩くことにあるからだ。

患者としてもそのことに異存があるわけではない。しかし、時にそのような治療が成功しないことがある。手術は成功したけれども、助からなかったということもある。患者側からすれば、助からなかったのであれば、手術が成功したことにはならないはずだが、患者を「人」として見ていなければこのような言い方も可能なのだろう。

私が冠動脈のバイパス手術を受けた時には執刀医は三人いた。その中の一人が手術の前日に、手術を受けないという選択肢もあるといったことに私は驚いた。今から手術を受けないという選択肢は本当にあるのかとたずねたところ、「あなたの身体なのだから、あなたが決めればいいのだ」という答えが返ってきた。その医師はその選択肢を強く支持したわけではないが、私がその医師からバイパス手術を受ける患者ではなく、「人」として見られていることがわかってありがたいと思った。

胃カメラの検査を受けたことがある。私が驚いたのは、検査結果を説明する医師が患者である私とまったく目を合わせようとしないことだった。その医師にとっては検査データを正確に分析することが重要であって、誰が検査を受けたかということはどうでもよかったのだろう。

一方、心のある医師は、正確な診断に加えて、患者を見ることができる。最新の検査機器が揃っている大病院で受診するほうが安心だと思う人もいるだろう。医師が聴診器を胸や背中に当てるだけでは不安を覚える人もいるかもしれない。

しかし、検査機器がいつも利用できるとは限らないし、また機械を利用することができたとしても、その機械がいつも正確に診断できるわけでもないだろう。また経験の浅い医者であれば、機械が見つけた徴候を見落としてしまうかもしれない。とすれば、必ずしも機械に詳しい医者のほうが安心だともいえなくなる。

機械に頼らずに診察して治療できる医師こそ有能であり、その上、患者の立場からいえば、病気ではなく「私」に向き合ってもらえているということが安心感につながる。

診断の正確さということでいえば、人工知能がいずれ人間の医師に取って代わる日がくるかもしれない。余命の予測まで正確にできるようになることが期待されている。

しかし、人工知能による診断や余命の予測が他ならぬ「この人」に妥当するとは限らない。たとえ治癒の望みがなくても、患者（患者一般ではなく、「この」患者）が自分らしく生きるために今何ができるかということは人間の医師であればこそ考えられるのである。治療、手術についても、「できる」からといってしていいことにはならない。してはいけないことがあるのは、「この人」の治療、手術が問題だからである。

人工知能でなくても、症状だけでなく他ならぬ「私」を見て、必要があればこそ「私」の身体にメスを入れてもらっていると思えないと、医師への信頼感は持てない。臨床経験のある医師であれば、診察の時には人と対峙しているはずだ。必ずしも若い医師が人には関心がないと言い切ることはできないし、年配の医師が必ず人を見ていると言い切ることもできないだろう。しかし、概していえば、経験を積むことで、症状だけでなく総合的に患者を見られるようになるだろう。

先の、プラトンのいう政治家もこれと同じである。政治家は、その時々でもっとも適切な判断を、時には瞬時にできなければならない。そのためには、知識だけでなく、やはり経験が必須である。

歳を重ねれば、杓子定規に考えず、人を見て判断できるようになる。先に、哲人統治者には引退はなく、交代で死ぬまで国の統治の任に当たらなければならないことを見た。統治に経験が必要であれば、歳を重ねなければならない。もっとも現代では、政治家に限らず、いたずらに歳を重ねるだけで賢くはならないというのも事実だが。人が歳を重ねるだけで賢くならないのは困ったことである。

老いてからの学び

私は中学生になって英語の勉強を始めた。初めて学ぶ外国語は面白く、夢中になって勉強をした。もう四〇年以上前のことだ。当時は今のように音声教材を容易に手に入れることはできなかった。しかし、学校での勉強の他にラジオの英語講座でも勉強できた。私が住んでいたところは観光地の近くだったので、覚えたばかりの英語で海外からやってくる人たちと話をしたこともあった。

やがて英語だけでは飽き足らず、ドイツ語とフランス語をラジオ講座で学んだ。この頃、私は純粋に学ぶ喜びに駆られて勉強していたと思う。英語を学び始めたばかりなのに、その上ドイツ語やフランス語を学ぶことに意味があるのかとか、外国語を学ぶ時間があるのなら、英語にだけ費やせばいいのではないかなどということはまったく考えなかった。

高校生になった時には英語が読めるようになっていた。授業で厳しく教え込まれたこともあって、学校で学ぶ教科書の他に英語の原書を読むことも覚えた。その時もこのような勉強が受験勉強の妨げになるのではないかとは考えなかった。

大学入学後はドイツ語、フランス語、ラテン語、ギリシア語を次々に勉強した。高校生の時に教わった先生から、大学に入ったら近代語と古典語の勉強は必ずしなければならないといわれていたので、忠実に先生の助言通り学び始めたのである。

大学で哲学を学ぶことに迷いはなかったが、哲学を学ぶためにはギリシア哲学から始めなければならない。哲学という言葉も概念もギリシアのものなのでギリシア哲学を学ばなければいつまで経っても当てずっぽうの議論しかできないと先生方にいわれ、たしかにそのとおりだと思った私は本格的にギリシア語の勉強を始めた。

外国語を学ぶことは好きだったので、ギリシア語を学ぶこともそれ自体に苦痛を感じることはなかったが、ギリシア語の知識が大学院の入学試験で問われるので、数人しか合格しない試験を受けるとなると、他の受験生のことを意識しないわけにはいかなかった。自分の実力だけが問題であるとはわかっていても、競争に勝たないといけないので、そうなると、時間をかけてゆっくりとプラトンの対話篇を味わうことは難しくなった。

大学院を終えると、奈良女子大学でギリシア語を教えることになった。私が目指したのは、文法が近代語に比べ複雑で覚えないといけないことも多いこの古典語を、興味を持って学生が学べるようにすることだった。そのために、試験をするのをやめた。実際、試験の必要はなかった。どの学生も優秀で、試験がなければ勉強しない学生は一人もいなかった。

もちろん、ギリシア語を最初から完璧に理解し、すぐにギリシア語を読めるわけではないが、競争とは関係なく言葉を学ぶ喜びを教えられたと自負している。四月にアルファベットから学び始めた学生は、一一月にはプラトンの『ソクラテスの弁明』を読めるようになった。

しかし、このように競争とは無縁に学ぶことは、若い人には例外的なことだろう。若い時は定期試験、入学試験、入社試験、また昇進試験があって、そのためにやむをえず勉強をして知識を身につける必要があるからだ。もちろん、試験を他者との競争と考えなければいいのだが、評価によって人生が変わるのであれば、知らないことを知る喜びに突き動かされて勉強することはできないと思う人は多いだろう。

会社に勤めなくても、研究者になり、大学で教鞭を執ろうと思えば、学会で発表し、論文を書かなければならない。それが業績となる。業績がなければ大学の教師にはなれない。

就職が決まっても、大学に籍を置き続けるためには、学会で発表をし、毎年、何本も論文を書かなければならない。そうなると、真理を探究するというより、論文を書くために研究をすることになる。しかし、これが研究といえるのかどうか。

大学院を終える頃には、私が学んでいるのは、本来私が学びたいと思っていた哲学ではないことに気づいた。そうなると、私は学ぶことが少しも面白いとは思えなくなった。私がなろうとしたのは哲学者であって、哲学研究者ではないはずだ。若い私はそう思った。

本当の学びは有用性や生産性からも離れなければならない。それらに囚われている限り、本当に学ぶことはできない。本当の学び、有用性を離れた学びは、学校や会社に所属し、そこで他者と競争して生きている時には難しい。

ありがたいことに、歳を重ねると競争や評価からは自由になれるので、若い時とは違って学ぶ喜びを感じられるようになる。時間もある。いつまでに書き上げなければならないということもない。

若い頃であれば、外国語を学ぶのも、就職や昇進のためだった人も多いだろう。しかし、短時間で多くの単語を覚えたり試験を受けたりしなくてもいいので、たった一文であっても、原語で読めれば、しかも読むというよりも解読といっていいくらいに時間がかかっても、そのことがすでに喜びに感じられる。

歳を重ねてからの学びは、競争や評価から自由になるだけではない。若い頃からの知識や経験が蓄積されている。老いると知力が衰えるという人は多い。若い時のような記憶力はないというようなことをいう。しかし、実際には知力が衰えるというよりも、そう思い込んでいるだけのほうが多いように思う。もしも高校生や大学生の頃のように真剣に学べば、大抵のことは身につくはずである。

しかし、老年になっても若い時と同じ努力をすれば、若い人には負けないというようないい方は、知力を記憶力だけに限定しているとも取れる。知力は記憶力に限らない。

私の若い頃には、著作のどの箇所にどんなことが書いてあるかを記憶していることが研究者として必要な能力だと考えられていた。しかし、今の時代であれば、著作はすべてサーバー上に保存されており、パソコンで検索すればいつでも瞬時に必要な箇所を探し当てることができる。

それでは、パソコンがあれば誰もが研究論文を書け優れた研究者になれるかというとそうではない。私は原稿を書いている時、これまで読んだ本のどこにどんなことが書いてあったかを思い出すが、パソコンで全文検索して思い出すのとは違う。何かをふと発想する時も、パソコンの力を借りるが、パソコンはあくまでも道具であって、パソコンが何かを考え出すわけではない。

経験によって人が賢くなるわけではないが、記憶力のような知力ではなく、いわば総合力としての知力を得るためには、若い頃からの長きにわたっての経験に基づいた粘り強い思索の積み重ねが必要である。

このような意味での知力を得ることは若い人にはできない。老人が若者よりも優れているという意味ではない。知の種類が違うのである。昔教えていた学生が、高校を卒業するまでに、世界の古典を集めた数十巻もある選集を読破したという話を聞いたことがある。その選集には仏典もプラトンの対話篇も近代、現代の哲学書も収められている。しかし、どれほど読解力が優れていても、若い人が理解できるとは思わないのである。

大学に入った頃、リルケの『マルテの手記』を読んだ。ドイツ語の教材だった。ドイツ語の力は当然十分なものではなかったが、言葉としては理解できても、リルケが何をいおうとしているかが摑めなかった。

「詩は、人が思うように、感情ではなく（感情ならどんなに若くても持つことができる）。感情ではなくて、経験なのだ」

一行の詩を書くためには、多くの経験を重ねていかなければならない。しかし、何かを経験し、それが思い出になるだけでは十分ではない。

「それが我々の中で血となり、眼差しになり、表情になり、名前を失い、もはや我々と区別がなくなった時、その時初めて、稀なる時間に一篇の詩の最初の言葉が、思い出の中に現れ浮かび上がるのである」

辻邦生《つじくにお》がこんなことを語っている（『薔薇の沈黙』）。友人の森有正《もりありまさ》が時折話すリルケは東京で考えていた詩人とは違ってた、と。森は後にパリで客死する哲学者である。

「『リルケのことをimmer-frauen-Seeleと言いますが、それは上品で弱々しい女の心というのではありませんよ。リルケはちゃんと性行為のときにあげる女の声を知らなければ、本当の詩は書けないと言っています』と、〔森は〕いらいらしたような、憤然としたような調子で言った」

これを読んで、なるほどそれなら私はあの頃、そんなことをこれっぽっちも知らずにいたし、セックスは想像の域を超えることはなかったから、リルケを少しも理解できなかったのは当然だった、と思い当たった。

辻は、森がいっていることは、『マルテの手記』の次のような記述を指しているのだろう、という。

「一夜一夜が、すこしも前の夜に似ぬ夜ごとの閨《ねや》のいとなみ（Liebesnächte）。産婦の叫び。白衣の中にぐったりと眠りにおちて、ひたすら肉体の恢復を待つ産後の女。詩人はそれを思い出に持たねばならぬ」（大山定一訳）

若い、何の経験もないといっていい私は哲学者にも詩人にもなれなかったわけだ。

私は還暦を過ぎてから、韓国語を学び始めた。きっかけは韓国で講演をする機会が増えたことだった。最初は講演の最初に一言二言、韓国語で挨拶をするだけだったが、もう少し話してみたくなった。

そこで、独学で韓国語を始めたのだが、やがて偶然知り合った日本に住んでいる韓国人の先生から個人授業を受けることになった。私は、若い時、欧米の言語はいくつも学んだが、アジアの言語を学ぶのは初めてだった。

すぐに韓国語は多くの言葉が発音は違っても日本語と同じであり、文法も極めて日本語に似ていることがわかった。それと同時に違いも見えてきたので、この言葉の使い方は日本語と同じだとか、この韓国語は日本語にもあるが意味が違うというようなことを先生と話すようになった。

初歩の文法を終えると、キム・ヨンスの書いたエッセイを先生と一緒に読み始めた。最初のうちは、若い頃に学んだギリシア語のように、一ページを読むのに膨大な時間がかかった。しかし、語学力は十分でなくても、若い時と違って、書かれている内容そのものに関心を持って読み、かつ、自分の観点からキム・ヨンスが書いていることを批評することができた。学び始めて日の浅い言語で書かれた本だったが、私が子どもの頃から慣れ親しんだ母語で書かれた本を読むのと同じように読んだということである。

若い時に学び、長く学生に教えたギリシア語についていえば、近年プラトンの著作の翻訳を出版した。研究のために読んでいた頃は、注釈書や翻訳書を取り揃え、テキストの読み方をめぐっての細かい議論に目を奪われていたが、いつしかプラトンの思想そのものに注目して読めるようになっていた。この翻訳が必要とする人に届くことを願っているが、これは大学に就職するために必要な業績ではなかったので、有用性からは自由になって翻訳に取り組むことができた。

このように考えると、老いを憂い、若い日に戻りたいとは私は思わない。記憶力としての知力ではなく、総合力としての知力を持ったままで若い日に戻れるのなら話は別かもしれないが。

プラトン自身は八〇歳で「書きながら死んだ」と伝えられている（キケロー『老年について』）。プラトンが未完の大作である『法律』の原稿を文字通り書いている最中に倒れた姿を私は想像する。

精神科医の神谷美恵子《かみやみえこ》が、『生きがいについて』を執筆中に日記に次のように書いている。

「過去の経験も勉強もみな生かして統一できるということは何という感動だろう。毎日それを考え、考えるたびに深い喜びにみたされている」（『神谷美恵子日記』）

ここには歳を重ねるということがどういうことなのかが見事に表現されている。それまでの人生で経験したことを「みな生かして統一」できることは喜びなのである。

ただ単に知識は増していくだけではない。神谷は『生きがいについて』を「どこでも一寸《ちよつと》切れば私の生血がほとばしり出すような文字」で書きたいともいっている。

神谷は『生きがいについて』の中に「将来を共にするはずであった青年に死なれた娘の手記」を引用している。

「もう決して、決して、人生は私にとって再びもとのとおりにはかえらないであろう。ああ、これから私はどういう風に、何のために生きて行ったらよいのであろうか」

この手記は神谷自身の手記であったといわれている。「生血がほとばしり出すような文字」というのは、論理的に書くということではなく、自分の体験を元にした本当に自分で得心のいった言葉という意味である。

長く生きればその体験には喜ばしいものだけでなく、たしかにつらいものもあるが、それをも元にして書くことは老いて初めてできることである。

第四章　「有用性」に意味はない

有用性の「貧しさ」

　これまでのことをまとめるとこうなる。

「有用性」(＝経済性)は、人間の幸福にとっては何の意味もない。だが人間は、通常、この有用性に縛られて生きている。縛られていることすら多くの場合、意識されていない。どういうことか見ていこう。

　有用性でしか自分や自分の人生の価値を見られない人がいる。「それが何になるのか」「そんなことをして何のためになるのか」。そのように問うことがすでに有用性に毒されている。

　社会的な栄達を求める人は、学生の時は、無駄な勉強を切り捨て、効率的に勉強する。勉強は資格を取るなどして安定した職に就き、出世するため、総じていえば成功するためであって、その目標達成に関係ないことには目もくれない。そして、成功すれば幸福になれると固く信じて疑わない。

　大学の看護学部で生命倫理を教えていたが、国家試験ははるかに先のことなのに、試験に出ないことは学んでも無意味で時間の無駄だと考える学生は、教師の前でも過去問題集を取り出して勉強していた。

本も教科書以外は読まない。読むとしても実用的な本を読む。速読する人もいる。日に何冊も読むという。著者の立場からいえば、何年もかけて書いた本を数分で読んでいったい何がわかるのかといいたいが、「情報」を本から得ようとする人は、本をゆっくり読むことなど思いもよらないのだろう。情報を収集するためであれば「読む」必要もないので、本を読まないで済ませる方法を説く本まである。

大学を専門学校化しようとする動きもある。大学ではいずれ「有用」な学問しか教えられなくなるだろう。私が長年教えていた奈良女子大学では、古代ギリシア語は受講生が少ないという理由である年、突如閉講になった。

ギリシア語を閉講するという動きは前からあった。しかし、ギリシア語を閉講するのは、奈良女子大学の恥だと強硬に主張する教授がいたので、何度もその提案は却下された。

教授たちが、ギリシア語、ラテン語が西欧文化の基礎であることを知らないはずもないが、やがて、古典語を読めない若い教師が教授会で優勢になると、経済的に見合わない、対費用効果が見込めない（というのが理由だったのだろう）ギリシア語は切り捨てられた。

加藤周一《かとうしゅういち》は大学生の時、医学部の講義だけでなく、文学部の講義も聞いていた。仏文学の鈴木信太郎助教授による、フランスの詩人、マラルメ研究は途方もなく詳細で、加藤が出席した時には、詩人の生涯という話の一部分で、ある年マラルメの借りた家の家賃がいくらだったかが講義で扱われた。

「『いや、おどろいたね』と私はその頃仏文科の学生であった中村真一郎にいった。『文句をいうなよ、君などは運がいい方だ』と中村は答えた、『今年はとにかくマラルメの話じゃないか。考えてもみたまえ、マラルメが生れるまでに、一年もかかったのだぜ、一年も！』」（加藤周一『羊の歌』）

大学の学問はこういうものなのだ。学生が労せずしてやすやすと理解できる講義でなければアンケートに低い評価をするようなことは本来おかしいのである。

なぜ大学がこんなことになってしまったのか。

高校時代に教えを受けた教師は多くは立派な人だったが、中に一年浪人したら生涯年収がどれほど減るかという話をする教師がいて驚いたことを覚えている。損をしないためには、大学で何を勉強するかなど考えず、とにかく入れるところに入るのがいいというのだ。実際、入れるところに入ろうとする人は多い。何かを勉強したいと思っても、入れなかったら何も始まらないではないかという。

そのような学生にとって、浪人したり、留年することは社会に出る前から挫折することなので、そうなることを避けたいと思う。そこで、どの大学に入るのかを偏差値で決める。何を大学で学びたいかということは問題にならない。名のある大学ならどの学部でもいいと思う。どの学部に入るかでその後の人生はずいぶんと変わってくるはずなのだが。

こうして、大学時代は就職前に送るステージでしかなく、大学での勉強は（勉強をするとすればだが）就職のための勉強である。

リクルートスーツに身を包んで就職活動をする学生は、ワープロのソフトも表計算のソフトも使えます、と即戦力のある「人材」として、自分を企業に売り込もうとする。この「人材」という言葉は「人才」とも書き、もともとは優れた才能を持つ人物を意味していたが、今では組織運営の材料というくらいの意味になっている。材料なら他の人と交換可能である。

当然、企業も他の誰にも代えられない「他ならぬあなた」を採用しない。即戦力のある新卒であれば誰でもいい。また、学生が大学で何を学んだかはあまり問題にしない。何も学んでこなかったら即戦力にはならないはずだが、必要なことは会社に入ってから学ぶほうが大学で余計なことを学んでくるよりも望ましいと考えるのだ。そのような教育を受けると、いよいよ「人材」になる。

学生は無気力ではなく、必死で就職のための勉強をするのであれば、自分で何を学ぶかを決めているように見えるかもしれないが、何を勉強するかを決める時の基準である有用性や成功は学生が自分で選んだわけではないのである。社会や世間がよしとした価値観に乗っかっているにすぎない。皆がしていることなら、安心なのだ。

しかし、彼〔女〕らが価値あることとして何の疑問もなく目指している社会的栄達、成功は外から与えられた価値でしかなく、内発的に自分が求めたというより、外にある価値に自分を合わせただけである。それゆえ、彼〔女〕らは積極的で能動的に生きているようだが、その生き方は受け身でしかなく主体的とはいえない。

いつか電車の中で乗り合わせた若い人が突然、何を読んでいるのか問うてきた。その時私がある日本の著名な精神科医の書いた本を読んでいたのを知って気を許したからか、うつ病を患っているという彼は私に打ち明けた。

「大人たちは僕に社会適応しろというのです。でも、それは僕の死を意味します」

自殺を考えるような若者はみな真面目で感受性が強い。彼〔女〕が直感的に忌避するのは、何の疑問もなく成功を求め、そのために社会に適応することに何の違和も感じないような生き方だ。そんな生き方を強いられるくらいなら死んだほうがよほどましだと考える人がいても不思議ではない。

イ・チャンドン監督の『バーニング』に、登場人物の一人が、アフリカのカラハリ砂漠のサン族には、リトルハンガーとグレートハンガーがいると語る場面がある。リトルハンガーはお腹が空いて飢えている人、グレートハンガーは、人はなぜ生きるのかをいつも知ろうとする、人生の意味に飢えた人だ。

成功を目指し、実際に成功する人たちは人生の意味に飢えるグレートハンガーではないので、やがて見るように、成功が幸福をもたらすわけではないことを知らない。成功を目標に人生設計をしてみても、老いや病気、さらには死が人生の行く手を遮ることがあることを、何の躓きもなく順風満帆な人生を送ってきた人は考えない。人生の意味など考えもしない。だがそのような生き方は本来的な生き方ではないと真面目な人は知っている。

本来的な生き方とは何か。今ここを生きることだ。それと比べれば、これから先の人生に何事も起こらないかのように人生設計をし、生きる意味などこれっぽっちも考えず、人と同じように生きることに満足するような人生は非本来的な偽りの人生だ。このような人生を生きることでは本当の意味での幸福に至ることは決してない。

お金にすべての価値を還元することの愚

目を社会に向けると、社会全体も生産性、経済性に支配されている。人が殺傷されるというような大変な事件が起こった時、犯人に憤りを覚えるが、そのような事件が引き起こされた背景には社会的な要因もあることを知っていなければならない。特異な人が犯した事件というよりは、多くの人が暗黙のうちに認めている価値観が反映された事件と見るのが正しい。

障害者施設で元職員が入所者一九人を殺害し、職員三人を含む二七人に重軽傷を負わせるという事件があった。

障害者を殺傷した犯人は、意思疎通ができない人間は安楽死させるべきだと考え、国が障害者の安楽死を認めないので自分がやるしかないと思ったという。

これだけ多くの人を衝動的に殺傷したわけではなく、また、このような犯罪を犯すことで最初から死刑になるつもりだったわけでも、社会を憎悪し、それに復讐しようと考えたわけでもない。

多くの人を殺傷したことへの世間の非難は強かったが、犯人はそのことに怯むことはなかった。むしろ、自分の考えこそが正しいと思い込んだ。のみならず、障害者を安楽死させるべきだという考えを世に問いたいと考え、自分の考えをきちんと説明すれば半分くらいの人はわかってくれるはずだと考えた。

命を無条件で救うことが人の幸福を増すとは考えられず、障害があることは家族や周囲にとっても不幸であり、事件を起こしたのは不幸を減らすためだという。

彼にとって、幸福とは「お金と時間」であり、重い障害のある人を育てることは、莫大なお金と時間を失うことにつながる。障害のある人を生かすためには莫大な費用がかかっており、税金の無駄遣いであり、面倒な世話に追われる人が多いので、障害者は不幸を作ることしかできないと考えるのである。

無駄なお金や時間をかけないことが幸福だと考える彼にとって、障害者は彼のいう幸せの妨げになるので、排除しなければならず、そのためには障害者は安楽死させなければならない。

彼は、心ある人間をも殺す優生思想とは違うという。安楽死の対象にすべきは意思疎通がとれない重度・重複障害者に限定され、彼が殺したのは「人」ではないとまでいう。だがそうであれば、意思疎通ができない赤ん坊も人ではないことになるのではないか。

まだ話せない赤ん坊も、意思疎通ができても介護を必要とする高齢者も世話をするのにはたしかにお金や時間がかかる。だからといって、生きるに値せず、安楽死させるべきだと考えるのはおかしい。意思疎通ができることを人が人である条件にすれば、意識のない患者も生きるに値しないことになる。

犯人によれば、重度障害者は不幸しか作り出せないが、幸福を作り出す人というのは、無駄なお金と時間を費やさない人、さらにお金と時間を作り出せる人ということになる。

お金がなくても時間があれば幸福と思う人もいるが、その場合にもこの時間というのは何かを生み出せる時間だろう。彼の幸福や人間の価値はこれまで使った言葉でいえば、生産性にあるのである。

彼の主張は極端であり容認されがたい。それでも、犯人が自分の考えを理解する人が一定数いるという時、その意味は、それらの人が彼の犯行を是認するということではない。生産性、経済性の観点で幸福や人間の価値を見るという彼の犯行の根底にある価値観には同意する人が多いということである。

彼は幸福は「お金」と「時間」だというが、それらがあることが幸福であると考える人はたしかに多いのではないだろうか。しかし、お金や時間と結びつけて考えているのは、すでに見てきたように、幸福ではなく成功にすぎない。

生産性についていえば、結婚しない人、結婚しても子どもがいない人は生産性がないので価値がないと考える人がいる。また、子どもを産み育てることは生産性の観点で価値があるといわれる一方で、子育てが仕事と比べて生産的ではないと考える人もいる。仕事ができるようになっても、結婚、出産のために休職、退職されたら、経済的な損失であると見る人は、出産、子育ては仕事よりも価値が低いと見るのである。

話を重度の障害者を殺傷した犯人に戻すと、彼の考えはあまりに極端なのでおかしいと思う人がほとんどだろう。しかし、殺すべきだとまでは考えなくても、人間の価値を生産性に見ている人が多いのは問題である。

この事件の後、被害者の家族は名前を公表しない方針を明らかにした。被害者の家族は公表しない理由を次のように述べている。

「日本ではすべての命がその存在だけで価値があるという考え方が当たり前ではなく、優生思想が根強いため」

多くの人は、この事件は特異な犯行であり、自分はそのようなことはしないと考えているだろう。しかし、自ら犯行に及ばなくても、価値観を同じくする人は彼と同じなのであり、自分は凶行を犯した彼とは違うと見ることで話を終わらせてはいけない。

彼は生きているだけでは駄目であり、何かを作り出せないといけないという。そうなると、多くの人は有用性の観点からは生きる価値がないことになる。彼が有用だという価値は経済的価値だが、これが実際にはほとんど意味もないことを彼は知らない。彼だけではない。多くの人が知らないのだ。

実際、お金さえあれば幸福になれると考えている人は多い。先にも見たように、結婚する時に相手の年収は必ず問題になるといっていい。しかし、年収の多い人と結婚すれば誰もが幸福になれるわけではないということも多くの人は知っているはずなのだ。

　お金が有用だとしても、それを正しく使う術を知らず、お金を持ったがゆえに身を持ち崩す人もいる。お金をどれほどたくさん持っていても、いつ何時失われるかわからない。災害に見舞われて、たちまち財産を失った人の話を聞いたことがない人はいないだろう。自分だけは災害にあわないと思っているのでなければ、いざとなったら身一つで逃げ出そうと考えているだろう。お金を持ち出す暇などないのである。

　死ぬ時にはお金はいらない。これも知らない人はいないはずだが、お金があれば保険が適用されない手術を受けたり、高い薬を服用することで救われるに違いないと思い、万が一の日のためにお金を貯める人がいる。だが、手術はどんな名医が執刀しても失敗することはありうるし、治療に有効な薬であってもその高価な薬を服用する前に死ぬかもしれない。

　また、時間を有用性の観点からしか見られない人がいる。できるだけ効率的に仕事をやり遂げなければならない。だから、時間をかけても何ら有用性を生み出せないような時間の使い方は意味がないことになる。

　教育は時間がかかるものである。だがその教育ですら効率的でなければならないと考える人は多い。受験勉強をしている最中に読書などもってのほかだと考える人もいるだろう。

しかし、真に価値のあるものを生み出すためには途方もない時間が必要である。真に価値があるものは有用性とは必ずしも結びつかない。子どもの教育に時間をかける必要があることを認める人でも、それはその子どもが将来的に何か有用なものを生み出せるのであれば時間、そしてお金をかける価値があると考えているにすぎない。

それでは、子どもが親の期待に反して親の考える有用な人生を生きなければ、親は子どもを価値のないものとして見捨てるのだろうか。

生きていること自体に価値がある

今の時代、生産性にのみ価値があると見られている。つまり、人の価値が、何ができるかで判断される。

それで、仕事ができる人には価値があるが、病気、高齢、障害のために何もできない人は価値がないとされる。障害のある人を殺傷した犯人の論拠も同じくここにあった。

また、結婚しない人、結婚しても子どもが生まれない人は生産性の点で価値がないという人もいる。さらには、子育てや介護のために職を離れる人にも価値がない、そう考える人もいる。

しかし、多くの人が認めている、生産性にこそ価値があるという考えから自由になることができなければ、本当に自分に価値があると思うことは難しい。

人間の価値は生きることにある。

その生きることが誰からも奪われていいはずはない。

この世の中が回っていくためには、たしかに働くことは必要だ。だが、働けるか働けないかは、本来的には人間の価値とは何の関係もないことだ。仕事は、できる人が、できる時にする。それだけである。

若い頃、ある精神科診療所で週に一度働いたことがあった。その診療所では六〇人ほどの人が社会復帰を援助するプログラムであるデイケアに通っていた。私が出勤した日のプログラムは皆で料理を作ることだった。

朝、その日に作るメニューをスタッフが発表し、買い物に行くのだが、買い物に行く人は少なく、いつも五人ほどだった。診療所に戻ると皆で料理をする。手伝うのは一五人くらいで、後の人は手伝うことなく、何もしないで過ごしていた。いよいよ、昼時になって料理ができたことを知らせると、診療所のどこからともなく患者さんたちが集まってきて、皆で昼食を食べた。

だがこの診療所では、手伝わなかった人を責める人は誰もいなかった。暗黙の了解事項があったからだ。それは、今日は元気だったので手伝えたけれど、もしも明日体調がよくなくて手伝えなくても許してほしいというものである。普通の社会のように「働かざる者食うべからず」とは誰もいわなかった。私はこの診療所は、働く人も働かない人も共存する健全な社会の縮図だと思った。

何かが「できる」ことに、何か特別な意味があるわけではない。そうではない、何もしなくても、生きていることはそのままで価値があり、生きているだけで他者に貢献しているのだ。

たしかに、アドラーは次のようにいっている。

「私に価値があると思えるのは、私の行動が共同体にとって有益である時だけである」(*Adler Speaks*)

働いている人であれば、働くことによって共同体に対して有益であることができる。その時、自分に価値があると思えれば、自分が共同体に貢献していると感じられるだろう。そして、自分が役立たずではなく、役に立てると感じられれば、そのような自分に価値があると思えるだろう。

しかし、「役に立つ」ということは、何も行動だけに限らなくてもいい。というか、むしろ行動に限ってはいけない。

なぜあえて行動ではなく、存在すること、生きることを持ち出すかといえば、有益な行動はたしかに社会にとって重要だし必要だが、行動で有益であることを強調すると、特別によくなければならないという先の考えに、どうしても逢着することになるからだ。

また、働くこともアドラーのいう「行動」だが、働くことによってしか共同体に有益であることができないことになれば、働けない人は共同体にとって無用な存在であることになるからだ。

多くの人は学校を卒業して就職した後は、給料を得るために働く。仕事をして報酬を得ることは当然のことだが、お金を儲けることが働くことの目標になれば、働くために生きることになる。そうではない。人は生きるために働くのだ。そしてこの生きるためというのは幸福に生きるためという意味でなければならない。働くことでお金を儲けることができたとしても、日々の生活が苦しく、少しも幸福でなければ働き方が間違っているのだ。

以上見てきたように、学問も、さらには、生きることまでもが経済性に支配され、もっといえば毒されている人は結局、人生を生き急いでいるのだ。多くの人はこのような生き方を当たり前のこととしているが。

このような有用性に支配された生き方は率直にいって病んでいると私は思う。生産性の観点から価値がないからと障害のある人が殺傷されるという事件は、有用性に価値があるという見方が根底にある。

働けなくてもいい

たしかに、働くことによって貢献することはできる。しかし、これまでにも見てきたように、働くのは生産性に価値があるからではない。だから、病気や老いのために働けなくなったとしても、そのことで、自分の価値が下がるわけではない。

家族や親しい友人が病気になった時にはたしかに一日も早い回復を望むけれども、まず、とにかく生きていてくれさえすればありがたいと思う人は多いのではないだろうか。病者が生きていることがすでに喜びであり、生きていることだけで病者は他者に貢献しているのである。

私自身が病気で倒れ、病床で身動きが取れなくなった時は、最初は自分が生きているだけで貢献できているとは思えなかった。それほど、働くことに価値があるという常識的な考えにからめとられていたといえる。

しかし、私はこう思ったのだ。もしも病気で倒れたのが、自分ではなく家族や親しい友人だったらどうしていただろう、と。きっと取るものも取りあえず病院に駆けつけただろう。その時、家族や友人が予想していたよりも状態がよければ喜んだだろうが、たとえ、重体で意識がなくても生きていればそのことを喜んだに違いない。このことを自分に当てはめていいと思ったのである。

私が救急車で運ばれた時は、人はこんなにあっけなく死ぬのかと絶望した。しかし、幸い治療が功を奏し、生き長らえることができた。その時に、このことを喜んでくれている人はいるに違いないし、生きていることがそのまま他者に貢献することになると思えるようになった。

やがてベッドで身を起こすことができるようになった。そうなると、できるものなら、入院する前のように原稿を書きたくなった。リルケが若い詩人に書いた手紙の中の言葉を借りるならば、私は書かずにはいられなかった。

私は医師にこういった。「これからどんなに状態が悪く一歩も外に出ていけなくても、せめて家の中で本を書けるくらいには回復させてほしい」と。医師は、本当に悪ければベッドで身を起こすことすらできないだろうといった。

さらに元気になった私を見て医師はこういった。

「本は書きなさい。本は残るから」

医師がこういったのは、本を書くことが生産性の観点で有用だからではなかったはずだ。貢献することが重要であって、退院後、書くこと、つまり、働くことで自分が貢献感を持つことができるのならそうするようにという意味である。

救急救命室にいた私は自力で身体の向きを変えることも許されなかった。必ず看護師の介助が必要だった。自力でも身体の向きを変えられるのにそうすることを禁じられたのではなく、実際、身体を動かせなかった。その状態では本を読むことはもとより、音楽を聴くことも許されなかった。しかし、寝たきりの時の私には価値がなかったが、やがて本を書けるようになったので寝たきりだった時にはなかった自分の価値を再び取り戻したのではない。どちらの時の自分にも価値はあったのだ。

自分が病気にならなくても、子育てや介護のために外で働けなくなることがある。その場合でも、働かないからといって、自分の価値がなくなるわけではない。

働いている人もそうではない人も、生きているという点では同じであり、生きているだけで他者に貢献できる――そう感じられる時、誰もが自分に価値があると感じることができるだろう。

働いていても貢献感を持てないとすれば、たとえ高給を得ることができていたとしても働き方に問題があるといわなければならない。

明らかなことは、人は働くために生きているわけではないということである。いつか、ある会社の役員研修で講演をしたことがあった。研修というのは、皆が講演者の話を聞きたいと思ってきているわけではない。決められた時間になると否でも応でも講義を聞かなければならない。しかも、泊まり込みの研修ともなれば、連日、たくさんの講義を聞かなければならなくなる。

私の話を大方の人はつまらなそうに聞いているように見えたが、ある話をしたところから急に熱心に、中には身を乗り出して聞き始めた人がいて驚いた。

私はこんな話をした。

「人は働くために生きているのではなく、生きるために働いているのである」

先にも見たように、三木清によれば幸福は存在である。そのことの意味は、何も成し遂げていなくても、今、人は幸福で「ある」という意味である。何か特別なことを成し遂げなくても、今生きていることがそのまま幸福で「ある」ということである。だから、この「生きる」ということはそのまま「幸福に生きる」という意味になる。

そうすると、人は働くために生きているのではなく、幸福に生きるために働くということになるが、働こうと働くまいとそもそも人は幸福で「ある」のだから、厳密にいえば、幸福に生きるために働いているのではないということになる。働いていること自体が幸福で「ある」という意味であるはずだ。

私の話を聞いていた人はみな若い時からずっと身を粉にして、幸福ではなく成功を目標に働いてきたに違いない。そうすることで、高い収入と地位を得て成功したかもしれない。だが、幸福であると感じることはできなかったのだろう、そう私は思った。

人は働くために生きているのではないというと、抵抗する人は多い。働かなければ食べていけないではないかというのである。しかし、呼吸をしなければ生きていけないけれども、呼吸をするために生きているのではないだろう。

働くこと自体が目的ではなく、幸福であるために働くのである。とすれば、働いているのに幸福でないというのはおかしい。人生には幸福を犠牲にしてまで遂げなければならないようなことなどはないのだから。

幸福は今ここにある

三木清は、幸福は存在に関わり、成功は過程に関わるといっている。幸福は何も達成しなくても、今ここに「ある」という意味だ。

若い時から成功しようと思って生きてきた人でも、やがて、何かをしようにもできなくなる日がくる。若い人でもいつ何時病気になって働けなくなるかわからない。

認知症を患っていた父がある日、「どう考えてもこれからの人生のほうが短い」といった。たしかに父のいう通りなのに、私はその通りともいえず黙ってしまった。だがその後改めて、父と共にいる時には、先のことなどまったく考えていない時があることに思い当たった。

私がいいたいのは、例えばこんな時のことだ。父は起きている時にはいつも同じ椅子に腰掛けていた。その父がすわっている場所からは庭の木々が見えた。そこには春には、時折、ヒヨドリが椿の花の蜜を求めてやってきた。父はヒヨドリがやってくるたびに大きな声をあげて笑った。

その父の声を聞くと、その場に居合わせた家族にも父の喜びが伝わってきた。この父の喜びを共有する瞬間には過去も未来もなかった。子どもが笑うのを見て、大人が笑う時も同じだろう。

アドラーは、喜びは「人と人を結びつける情動」であり、笑いはその喜びの要石だといっている（『性格の心理学』）。誰かが笑うと喜びはまわりの人に伝染し、笑った人と一つになる。

老いた親とこのように過ごせれば、親がもはや若い頃のようにいろいろなことができなくなったとしても、そのようなことは今、親と共に生きていることには何の関係もないことがわかるだろう。人間の価値は行動ではなく存在にあるというのは、こういうことなのだ。

このようなささやかな経験は何の価値もないと思う人もいるかもしれない。しかし、たしかに、この時、私の家族は幸福だった。何かを達成した時にだけ感じられるのが幸福ではない。否、それは成功の喜びであって、何もしなくても今ここで経験するのが幸福である。

三木清は『人生論ノート』の中で、幸福と成功を対置しているが、厳密にいえば、幸福が究極の目標であって、成功は幸福の手段でしかない。ところが多くの人は成功を目標に据えているので、成功のためには今の幸福を犠牲にすることも厭わない。

子どもが生まれたばかりなのに父親を単身赴任させる会社がある。生活があるので、理不尽な命令であっても従う人は多いのだろうが、幼い子どもの成長を見られないことは不幸なことだ。

老後の人生について自分で自分の身を守れといわれるような今の時代、これからの人生を思うと不安になる。しかし、それでも、将来のために今生きる喜びや幸福をふいにするのはおかしい。成功するために生きる人も、将来に備えるために生きる人も、目が未来に向いてしまっている。だが今生きなければいったいいつ生きるというのか。先に大きな成功をしなくても(成功する保証など少しもないのだが)、今、ささやかな幸福を得ること以外に生きる意味などないだろう。

第五章　死は忘れてもいい

いつどのように死ぬか決められない恐れ

なぜ人は死を恐れるのだろうか。死を恐れる理由はいろいろある。まず、いつ自分が死ぬのかわからないということ、また、どんなふうに死ぬかを自分では決められないということを怖いと思う人がいる。死は自分ではコントロールすることができないから怖いということだ。

そこで、死の恐怖の原因をそのように考える人は、死をコントロールしようとする。伊《い》坂幸太郎《さかこうたろう》が小説の登場人物の一人に、拳銃について、「人は、自分でコントロールできるものは安心だと考える傾向がある」と語らせている(『死神の浮力』)。

ここではコントロールの例として、自分で運転する車のほうが飛行機よりも安全だと思うことが出されている。車の事故は頻繁に起きる。それに対して、飛行機事故においては、死亡事故はそれほどには起きていない。

「にもかかわらず、人間は飛行機よりも、自分の運転する車のほうが安全だと感じる。なぜか分かるか」

「自分でコントロールできるから」

しかし、それはただ単に、自分でコントロールできると思っているだけだ。実際には、手近に銃があれば、発作的に死にたくなった時に自分を撃つ可能性も、銃を持たない時よりも格段に高くなるのだから。

死はコントロールすることができないからといって、自らの手で命を絶ってしまっては本末転倒である。

死をコントロールしたいと思うことにはいろいろと理由があるが、病気のために苦しみの渦中にある人が自らの手で、もしくは安楽死という形で早く苦しみから解放されたいということがある。

あるいは、今は元気だが、身体が動かせず寝たきりで生きること、その際、家族に迷惑をかけることを恐れ、できるものなら元気なうちにぽっくり死にたいという人は多い。しかし、そうは思っていても、実際には人生の終わりをどんなふうに迎えることになるかはわからない。

死をコントロールするつもりで死を選ぶことの一つの問題は、ただ自分が死ぬのではなく、必ず他の人を巻き込むということである。それは必ずしも他者が手を下すというようなことでなくても、安楽死の場合にも起こる。

フロイトは、晩年がんによる苦痛がひどく、ことに夜、苦しんだ。最後の日々は書斎で庭を眺めて過ごした。フロイトは「アンナと相談してくれ。もし彼女がいいと言ったら、終わらせてくれ」「長患いをして、惨めな体になり、力がなくなることだけは勘弁してもらいたい」と安楽死を前から願っていた。

娘のアンナは精神分析家である。そのアンナも思い煩った。最後の瞬間を先延ばしにしたかった。しかし、主治医のマックス・シュールはこれ以上の延命は無意味だとアンナを説得した。モルヒネを注射されたフロイトは平和な眠りにつき、二日後に亡くなった（ピーター・ゲイ『フロイト2』）。

絶え間のない苦痛の中に置かれたら自分ならどうするだろうと考えた時、フロイトのこの決断を批判することは難しい。

しかし、死を自分で選び取る本人は苦痛から解放されるとしても、残された家族はそれからが苦しい。アンナは、父親の安楽死を承認したことで、のちのち罪悪感から離れることができなかった。

親の考えをよく理解して、親が延命措置を望んでいなかったからといって、人工呼吸器を使うことなどの延命措置を打ち切ることを選択した家族も、生涯その決断がよかったのか問い続けなければならないだろう。

フィリップ・ロスの『父の遺産』は、脳腫瘍の父親を息子のロスが看取る話である。

人工呼吸器をつなぐかどうか決断を迫られた時、ロスはどうしていいかわからなかった。機械を使うことを拒めば、父は苦痛を受けなくてもすむ。でも、どうしてノーといえよう。

「私の父の生命、私たちが一度しか知ることのできない生命を終えてしまう決断を、どうして私が引き受けられよう？」

ロスは今後訪れるであろう悲惨を思い描き、すべてが見えたと思った。

だが、「それでもなお私は、その一言が言えるようになるまで、長いことそこにじっと座っていなくてはならなかった。身をかがめて父に精一杯近づき、その窪んだ、台なしになった顔に唇をくっつけて、私はようやくささやいた——"Dad, I'm going to have to let you go."（父さん、もう行かせてあげるしかないよ）」

ちょうど私が日記にこのロスの小説の一節を書き写していた時に、父が入所していた施設から、急病でこれから病院に搬送するという連絡があった。夕方から父の意識レベルが低下したのである。急いで深夜に病院に駆けつけた。

当直の医師が、延命治療はどうするかと私にたずねた。そんなことをたずねられるほど父の容態がよくないのかと動揺した。父とは延命治療について話をしたことは一度もなかったので、私はロスより難しい立場にいた。私が自分で判断しなければならなかったからだ。

私は彼に「穏やかに着地をする援助をしてほしい」といった。その日はもう帰れないかもしれないと思っていたが、入院することが決まり、容態も少し落ち着いたので、早朝に家に帰ることができた。

私はロスが父にささやいた言葉を思い出した。そして、私ならきっとこういうだろうと思った。

“Dad, I can't let you go.”（父さん、あなたを行かせるわけにはいかない）

しかし、考えてみれば、たとえ血を分けた子どもであっても親の最後を決めることはできないはずだ。子どもは、親自身ではないからだ。

私の父は認知症を患っていたので、延命治療をどうするか自分で決めることはできなかった。自分の意思を子どもに伝えることもできなかった。だから、アンナ・フロイトとは違って、私はどうしていいかわからなかった。

父は入院後危機を脱したが、施設に戻れるところまで回復することはなかった。ある日、医師から胃瘻《いろう》を造るかとたずねられた。胃瘻で延命すれば、何年も生きられるかもしれないが、それはそれで家族がつらい思いをすることになるとも医師は説明した。

医師から胃瘻の話が出た頃、父の精神状態は悪かったので、今のような不穏な状態で胃瘻を造ったとしてもチューブを抜いてしまうのではないか、そう医師に質問したところ、そうならないように薬で意識レベルを下げるという。父は何も食べられないわけではなく、おやつなど好きなものは食べるが、主食は口にしても全部吐き出していた。だから、胃瘻による延命をしなければ、栄養を十分に取ることはできず、やがて衰弱することが予想された。

母の時は医師と延命治療についての相談はしなかった。心臓が止まると、ただちにマッサージが始められた。家族は部屋の外に出るようにといわれた。肋骨が折れるほど強く圧迫する必要があるような荒々しい治療を家族に見せてはいけないという判断だったのだろうが、私は外に出ることを拒んだ。医師の治療が功を奏し、母は息を吹き返した。それを見届け、私以外の家族は家に帰った。母が本当に息を引き取ったのは翌日のことだった。

この時の経験を踏まえて、心臓マッサージをすることは、穏やかに着地することを助けることにはならないかもしれないが、胃瘻なら穏やかな着地を助けることになるかもしれないと思った。

私がこのように考えたのは、父のことを考えてのことではなかったかもしれない。私が延命治療を拒めば、私が死の決定をしたことになる、そのことを恐れていたのだ。

胃瘻で少しでも生き長らえてほしいと思ったのは本当である。意識がなくなっても、息をしているのとしていないのでは大違いである。母の看病をしていた時は、週末だけ、母のいる病院を離れた。週末は家族らが母についてくれた。母とずっと一緒に過ごしている間は何の不安もないのに、週明けの早朝、病室に帰ってきた時は怖かった。私の不在中に何かよくないことが起こってはいないかと思うのだ。しかし、この不安は部屋に入った時、母の息の音を聞くと消えた。

父は間もなく、胃瘻を造る前に亡くなった。はたして、父は延命のために胃瘻を造ったとしたら私を許してくれただろうか。それは今もわからない。

仮に本人が元気なうちに延命治療はしないでほしいという意思表示ができたとしても、実際に死の床についた時には考えが変わることはありうる。

元気な時に、延命治療はしないでくれと家族にいっていた人がいた。家族はそのようにいわれていたけれども、いざ親が人工呼吸器を使わなければ生きていけない状態になった時に、親が延命治療を拒否していたからといって治療を断ることはできなかった。

そこで、親の意には反することになったが、人工呼吸器につないでもらった。人工呼吸器のチューブは感染予防のために定期的に交換しなければならない。その間ほんの数十秒だが、交換のためにチューブを抜くとたちまち苦しくなる。延命治療をしないでほしいといっていたその人はジェスチャーで早く交換するように看護師を促した。

この人のようなケースであれば、家族は親が元気な時にいっていたのとは違って、生きることを望んでいるのではないかと考えられて、親のいう通りに延命治療を断らなくてよかったとも思えただろう。

問題は、私の父の場合のように、元気だった時に延命治療が必要になればどうするかという意思表示をしておらず、家族が親に代わって決めなければならない時である。

延命治療が必要になった時、先にも述べたように、親といっても他人なので、本来的には、子どもといえども親の代わりに決定を下すことはできない。しかし、現実問題としては、子どもや親族がどうするかを決定しなければならないことは多い。

私は、生きることは絶対的に善であるという考えによって判断するしかないと考えている。死にたい人がいるとも考えていない。すぐ後で見るように、今の状況では生きていけないと思う人はいるとしても。

前章で見たように、人間は存在すること、生きていることに価値がある。生きることにはどんな条件もいらない。病気や高齢のために、身体を動かせなかったり、直近のことを思い出せなくなったりすれば、生きる価値がなくなり、死ぬしかないのか。そうではないことをこれまで見てきたのだ。

先に多くの障害者が殺傷された犯行について見たが、私が危惧するのは、この人は何もできないのだから延命治療を受ける意味はないと判断されることである。延命治療の必要があるかないかという基準は恣意《しい》的なものになりうる。延命治療の必要、不必要の判断が個々のケースでされるのではなく、一律に意思疎通ができなくなれば延命治療は行わないというようなことが法律で決められることがあれば、恣意的どころか、決定に本人や家族の考えの入る余地すらなくなる。生きてはいけない人などいないのに。

多くの人を殺傷した犯人が自らも傷ついたような場合でも、犯人を懸命に治療しなければならない。犯人が死ねば犯行の動機がわからなくなるという捜査上の理由で犯人を生かさなければならないのではない。誰であっても生かさなければならないのである。医師は人を殺した犯人をどうして助けなければならないのかという葛藤が起こるという。無論、医師が治療を怠るはずはないが、助けたくないと思うことは、犯人に私刑（リンチ）を加えることに等しい。刑法は私刑を禁止するためにある。犯人の処遇は法に委ねなければならない。

つまり、治療される人がどんな人かは問題にならないのだ。同時に多くの負傷者が出た時には、治療の優先順位をつけなければならないとしても、誰もが等しく生きていることに価値があるので、その人の社会的な属性など関係なく（たとえ犯罪者であっても）、救命効果だけを考慮に入れて治療するのだ。

負傷者を人格として見るからこそ、犯罪者であっても生命を救わなければならないのである。犯人としてではなく人間、個人として見るということだ。

話を戻すと、生きることは絶対的に善であると考えるということは、また、誰かの生が別の人の生よりも価値があると見なされてはならないということでもある。

脳死という概念は臓器移植のために作り出されたものだ。臓器の提供を受ける本人や家族は誰から提供されるかは知らされることはないが、意図していなくても、誰かの死を待つという状況に置かれることになる。

延命治療の場合も同じことが起こる。親の延命治療をしないと家族が決断すれば、誰かの、つまり親の死を待つことになる。自分が手を下すわけではもちろんないけれども、決断しなければ親はもう少し長く生きられたのではないかという思いはいつまでもつきまとうだろう。

無論、誰も親の死を待っているわけではないとしても、延命治療をしなければ親は死ぬのだと家族が思っていることが、親にとって嬉しいことだとは私には思えないのである。

延命治療をするかどうかが問題になる前でも、すぐによくなることが誰の目にも明らかな場合でなければ、病床の親を前にして、この状態があとどれくらい続くのかと考えなかった人はいないだろう。とりわけ、家族が看病や介護のために疲弊している時は、この状態があとどれほど続くのかと思う。

私が母の看病をしていた時はそうだった。病床に毎日一八時間いることは何もしなくても、何もしないから余計に苦しくて、あまりに疲れてしまった私は、こんな状態があと一週間も続けば、私のほうが母よりも先に死ぬのではないかとまで思った。母が亡くなったのはそれから間もなくのことだった。だから、もしも私がこんなことを考えなかったら、母は長生きできたのではないだろうかと、母が亡くなってから何度も考えることになった。

看病も介護も後悔の集大成のようなものだが、延命治療も含めて、家族としてはできることはしたと思いたい。

親はこんなに苦しんでいる、親は死を望んでいるだろうと考えて、まわりが親の気持ちを推量し、延命治療を中止する判断をすることがあるが、親が死を望んでいると思い込んでいるだけかもしれない。延命治療が必要になった時にどう思うかは本人もわからない。家族であればなおさらわからない。

私は、人はどんな状況にあっても「生きたい」と願うものだと考えている。

火を放って人を殺傷しようとした犯人が自分も全身に大やけどを負った時、人に救いを求めていたとか、家族を殺した後で自らも死ぬつもりだった人が死に切れなかったという話を聞くと、人の生きたいという欲求がいかに強いかがわかる。

ドストエフスキーが、死刑の執行を直前に免れた自身の経験にもとづいて書いたのであろう、死を宣告された人の苦痛は、喉を切られるというような瀕死の重傷を負っていても、なお自分が助かるかもしれないという希望を持っている人よりも、はるかに大きいとムイシュキン公爵に語らせている（『白痴』）。

私が救急車で病院に搬送され心筋梗塞といわれた時も、人間はこんなにあっけなく死ぬのかと思う一方で、それでも助かるかもしれないと思っていたというのは本当である。そのわずかばかりの希望があったからこそ、手術が終わり、入院は一ヵ月と医師にいわれるまでの時間を生き抜けたのだと思う。

こんなことを考えた時、親は死を望んでいるのではないかと、親の気持ちを忖度《そんたく》してはいけないと思う。

家族が親の延命治療を望まないというのであれば、それは、家族が望まないのである（といっても、家族が皆同じ考えではないことはあるが）。親が望まないといってはいけない。なぜ親が望んでいるというい方をするかといえば、家族としては治療を中止するという決断を下せないので、親が望んでいるということにしたいからである。

家族が親の延命治療を打ち切ってほしいと思うとすれば、医療者に責任があると私は考えている。家族からすれば、とてもこれ以上、延命治療を受けさせてはいけないと思うような治療やケアをしているということだからだ。

家族はどれほど状態がよくないと聞かされても、そんなことはない、きっとよくなるに違いないという希望を持つ。しかし、親が弱っていく現実を目の当たりにすると、日々その希望が少しずつしぼんでいく。

それでも、そのような時に医師や看護師ができることに精一杯取り組み、明日はどうなるかはわからなくても、親が快適に一日を過ごせるように努力しているのを見れば、家族のほうから延命治療は打ち切ってほしいと言い出すことはないだろう。

親が絶え間なく激痛に襲われることに耐えられないとか、あるいは、信仰上の理由があって延命治療を拒むのであれば、家族といえども、親の意思を尊重しなければならないだろう。

しかし、本当は生きたいと思っているのに、家族に迷惑をかけたくないという思いから延命治療を断るとすれば悲しいことだ。本人にとっても家族にとっても、延命治療の苦しみは実際の苦しみではないのだから。

親が自分で延命治療を受けることについて意思決定ができる前に病に倒れた時、家族がどのような決断をできるかは難しい。延命治療ができるのであれば、親に代わって家族が治療を受けるという決定をするというのが一つのやり方である。親が延命治療を受けることを望んでいるかは実際のところはわからないが、親が死を望んではいないと考えるのが大前提である。

家族の側からいえば、延命治療をしない、もしくは打ち切ることによって生じる後悔の念を持つことを回避できる。

親が延命治療について実際に治療を必要とすることが起こる前に話し合いができることが最善である。その際、親が延命治療を望まないという強い意思を表明すれば、その意思に反して延命治療を行うという決定を家族がするのは難しいが、親に代わって延命治療をするという決断をしても、できるなら親がそれを許してくれる信頼関係を親が病気で倒れる前に結んでおきたい。

そのためには、人間の価値は生きていることにある。病気で倒れ、たとえ何もできなくなったとしても、そのことで家族に迷惑をかけることになると思わなくていいということを常から親にいっておきたい。

家族のほうも、人間の価値について、親の問題というよりは自分の問題として真剣に考えておかなければならない。何もできず意識のない状態で横たわっている親を見た時に、はたしてこのような状態で人間は生きていく価値があるのだろうかと心が揺らぐことになるからだ。生きることに絶対的な価値があると自分自身が確信していれば、親がどんな状態にあっても、死なせたほうがいいなどとは思わないだろう。

他方、親が元気な時には延命治療を拒む親に同調していた家族であっても、実際に親の姿を目の当たりにすると、延命治療を受けさせたいと願うかもしれない。そのような揺らぎが家族の側に起きるとすれば、元気な時には延命治療を拒んでいた親も、意識をなくし、意思表示ができなくなった時に、心が揺らいでいるという可能性があるということなのだ。

親が延命治療を望んでいなかったにもかかわらず、家族が自分の意に反して延命措置を医師に依頼したことを何らかの形で知ったとしても、親はそのような家族の考えを理解してくれるのではないか、そう信頼をするしかないと私は考えている。

先に家族が親の延命治療を打ち切ってほしいというようなことがあれば、それは医療者の責任であるといったが、家族についても同じことがいえる。親がもう自分は生きていてはいけないと思うことがあってはならないのである。家族は親に迷惑をかけているのではないかという心配はしなくていいといいたい。

親が家族に迷惑をかけていると思うのは、前章で見たように、生産性や有用性にしか価値を見ないという考えが蔓延《はびこ》っているからである。生きていることに価値がある、そのことで家族に貢献していることを親に日頃から努めて伝えなければならない。

親も自分が生きていることで、家族に貢献していると思いたい。そのように思えることが、親が自分でできる死の準備である。

知らないことが必ずしも怖いとは限らない

死はどういうものかがわからないので怖いと思う人がいる。しかし、死が怖いというのでは、死がどういうものかがわかっていることになるだろう。どういうものかがわからなければ、そもそもそれを恐れることはできないはずである。

死を恐れるというのは、知らないのに知っていると思っているということである。知らないことを恐れるというのは、よく考えてみればおかしいのではないだろうか。なぜなら、プラトンがソクラテスに語らせているように、死はあらゆる善きものの中で最大のものかもしれないのだから（プラトン『ソクラテスの弁明』）。

すなわち、死を怖いものだとすることも、善きものだとすることもできないのだ。死が善きものであるという可能性も、まったく排除されているわけではないのだから。

人生は旅に喩えられることがある。たしかに人生と旅には似通ったところがある。一つには、どちらにも目的地があるということである。しかし、先に見たように、死ぬために生きているのではないのだから、死は終着地ではあっても、目的地ではない。死ぬことを

「目的」に生きる人はいない。

もう一つは、最後には死に行き着くとしても、旅と同様、目的地に到着することよりも、そこに至るまでの過程のほうが重要であるということだ。

しかも、その過程においても何が起こるかはわからない。人生は筋書きが決まっている芝居ではないからだ。

このような何が起こるかわからない人生は、三木清の言葉を借りるならば、まさに「未知のものへの漂泊」だが（『人生論ノート』）、そのような漂泊が必ずしも怖いものとも限らない。

旅の過程そのものが重要なのであり、その時々でどう生きるかは、瞬間、瞬間自分で決める他はない。あるいは、自分で決めることができる。本来、目的地に定めていた地点からはるか遠いところで人生の旅が終わるようなことがあっても、その旅が途中で終わったことにはならない。目的地は決めてあっても、必ずしも目的地まで行く必要はないからだ。

旅においては、これから何が自分を待ち構えているかわからないからこそ、漂泊の感情と遠さを感じる。旅に出る時はどこへ行くのであっても、遠く感じる。これから向かうところがどんなところかわかっていない時に抱く何ともいえない気分が漂泊の感情だが、生きる時に持つ感情も同じである。

しかし、このような漂泊が必ずしも不安で、寄る辺なきものというわけでもない。行き先の決まった旅行は距離の長い通勤と変わりはない。先に使った言葉でいえば、そのような旅はキーネーシスであり、できるだけ効率的に目的地に着かなければならない。目的地へ移動している間は旅そのものではないので、窓外の景色を眺めることすらしないかもしれない。

他方、漂泊はどこに行くかも決まっていない。急ぐ必要もない。思いがけず列車の中で長い時間留まらなければならなくなっても、あるいは途中で列車から降りなければならなくなったとしても、旅であれば焦ったりしない。

その時々が旅のすべてなので、たとえ最初に決めていたところへ行けなかったとしても、旅が不首尾に終わったことにはならない。

旅の過程で何が起こるかわからないので、不安も感じるが、思いがけない出来事に遭遇しても、あるいはそのようなことがあれば旅はいよいよ、楽しいものになる。

たとえ死が怖くても

また、死について考える時には、他者の死と自分の死とでは意味が違うことを知っていなければならない。

他者の死は「不在」である。われわれの前からいなくなる。その意味において、旅に出た友人と何年も会わないのと変わりはない。唯一の違いは生きている友人であれば旅から帰ってくれれば再会する可能性があるのに対して、死んだ友人は永遠の不在であるということだ。

だが、死んだ人がいなくなったからといって、世界がなくなるわけではない。他方、自分の死は無になるということである。私の死は他者にとっては不在だが、私にとっては私自身がなくなることであり、私が生きていた世界もなくなる。

不在としての他者の死と無になることとしての自分の死。この違いは決定的である。

人は生きている間は自分の死を経験することはできない。他者の死から死がどんなものなのかを想像するだけである。そしておそらく、この想像は自分が死ぬ時にはまったく当たってはいないだろう。

「あの世とは、よかとこらしいじゃないか。行ったきり、ひとりも帰って来たもんはおらん」

これは髙山文彦《たかやまふみひこ》の小説にある言葉だが（『父を葬《おく》る』）、こんなふうに不在になった他者の死から死がどんなものかを知ろうとしても、不在としての死からは無としての死は理解できない。

死が逃げなければならないような怖いものなのかどうかは自明ではない。しかし、死を怖いものではないと見ることも、死を怖いものと見るのと同様、やはり死が何かを知らないのに知っていると思うことである。

他者の死を受け入れる

今までのところでは、自分自身の死について考えたが、では他者の死についてはどう考え、どう受け止めればいいだろうか。

死は決して生と連続したものではなく、絶対的な断絶がある。すでに知っていることを元に死をイメージすることはできない。また、死を無効化することもできない。それでも、無になるのではなく、何らかの形で残るとか、この人生から別の人生へと移行することであるというふうに考え、死んではいないかのように見ることがある。

家族の死を受け入れたくない人が、本当はあの人は死んでいないと思おうとすることがある。もちろん、残された家族の立場から見れば、そのように見ることで死の悲しみは癒されるだろう。

死を無効化するということは、死を隠すことでもある。父が病院で死んだ時、父の遺体は他の入院患者の目には触れないように外に搬送された。もちろん、これは必要な処置だったとは思うが、現代ではこのように死を隠すことが多いように思う。火葬場の建設に地元の人が反対したり、葬儀場から棺桶が運び出されるところが見えないようにブロック塀を立てることもある。

だが、死から目を背けることなく、向き合わなければならない。

ようやく歩き始めたばかりの幼い一人息子を亡くし悲しみに打ちひしがれていたキサーゴータミーという母親に、釈尊は、一度も葬式を出したことがない家から白い芥子《けし》の実をもらってくるようにといった。母親はそのような家はなく、死はどこの家にもあることを知った。こうして、母親は子どもの死を受け入れることができた。

死を受け入れるためには、まず、死に対して善いとか悪いとか価値判断をしないことが重要である。死が怖いものか、そうでないのかはわからない。死がどんなものであれ、それが別れである以上、たしかに死は悲しい。しかし、病気や老いと同じく、死は生きることと同様、変化であり、善いとか悪いとかの価値判断などしなくてもいいのである。

マルクス・アウレリウスは次のようにいっている。

「死は出生と同じく自然の神秘である」(『自省録』)

死は出生と同じようにこの宇宙で起きる自然の事象であると考えれば、生を悲しむことがないように、死を悲しむことも恐れることもない。

カウンセリングの来談者の中には、家族が理不尽にしか思えない亡くなり方をされた方がいらっしゃる。私は理不尽であることをそのまま受け入れることを勧めている。

また私は、死は悲しむべきことではない、亡くなった人のためにも頑張って立ち直ろうといって励ますことはしない。死は別れなので、悲しくないはずはないからだ。他者の死はただの他者の死で終わらない。生きている時から生者は今は亡くなった人と深く結びついていたからだ。その意味では、他者の死はただ不在ではない。つまり、死んだ人はどこかに旅立って行ったのだから、最初のうちは寂しく感じてもやがてその寂しさは克服されるというようなことではなく、他者の死は自分の一部が失われることなのだ。だからその他者と何らかの形で接しつながっていた自分の世界を喪失する痛みは強く、悲しみも深い。

私は親しい人を亡くした人と話す時には、理不尽な死を悲しむことしかできない。私が母を亡くした時には、泣くことができなかった。悲しいはずなのに涙が出なかった。母の遺体と共に病院から帰った時、父は憔悴した私を見て後追いをするのではないかと思ったと後になって話してくれた。それでも泣くことができなかったのは、気丈でいなければならないと思い込んでいたからだが、人前で号泣しても、葬式に出るのを拒んでも誰も責めなかっただろうと今では思う。

　亡くなった人が残したものを整理することを家族に勧めることもある。何か大きなことを成し遂げることだけに人生の意味があるのではなく、日々の生活の中でまた今までの人生で、子どもの「存在」がどれほど親に貢献していたかを知ってほしいからである。

　母の弟である私の叔父は若くして亡くなった。叔父が亡くなってから、母は私に「あの子は結婚しないで死んだが、付き合っていた人はいたのだろうかね」と話したことがあった。

　母は叔父がもっと長生きしていたら経験できたであろうことを経験できずに残念だと思ったのだろう。たしかに、人生をキーネーシスとして見れば、若くして亡くなった人は志を遂げずに道半ばで亡くなったことになるが、人生をエネルゲイアとして見れば、瞬間、瞬間に生は完結するのだから、いつ死んだとしても道半ばということにはならない。

　人の生涯を最後からだけ見ないことも大切である。どんな形で人生の終わりを迎えたかは残された家族にとって忘れられないが、それがその人の人生のすべてではない。

　津波に襲われた時、ずっと手を離さないでおこうと思っていたのに、力尽きてつないでいた手を離してしまった。常は二階の部屋で寝る子どもが、勉強に疲れ一階の居間のこたつでうたた寝をしているのを見て声をかけなかったところ、翌朝、地震があって一階にいた子どもが圧死した。このようなことがあると、どれほど悔いても親は悔やみ切れるものではない。

それでも、亡くなった人が家族を責めるとは私は思わない。あなたが亡くなった人の立場であれば、相手がこらえ切れず、つないでいた手を離したからといって、責めたり恨んだりするだろうか。むしろ、自分は助からなかったけれど、あなただけでも助かってよかったと思わないだろうか。あるいは、その日たまたま声をかけられなくて亡くなってしまったが、地震の予知はできない。いずれも不可抗力だったのだ。

「忘れてもいいよ」

愛する人を失うと人生は止まる。しかし、悲しいけれど、残された人の人生が止まったままで、いつまでも何もしないでいることはできない。日常の生活に戻らないわけにはいかないのだから。

そのためには、死者を忘れなければならない。死の直後は、亡くなった人のことが心から離れないが、時が経過すると、悲しみに毎日泣き暮らしていた人でもいつか思い出すことは少なくなる。

ある日、死者のことをまったく考えていない自分に気づく。死んだ人の夢を見る人は多いが、夢を見ているのは、亡くなった人との関係でやり残したことがあると思っているからである。しかし、そんな夢もいつしか見なくなる。

重松清《しげまつきよし》の小説にがんで逝った妻の話がある（『その日のあとで』）。彼女は自分が死んだら夫に渡して欲しいと手紙を看護師に託した。死後、夫はその手紙を受け取る。そこには、こう書いてあった。

「忘れてもいいよ」

それでも、亡くなった人のことをいつまでも忘れられない人はいるだろう。とりわけ、若くして子どもを亡くした親の悲しみは深く、容易に癒されない。

しかし、残された人も、いつかは死んだ人のことを忘れなければならないと私は思う。無論、死が別れである以上、悲しくないはずはない。しかし、仮に亡くなった人が生者の暮らしを垣間見ることができたとしたら、いつまでも悲しみに打ちひしがれ食べることも眠ることも、まして働くこともできないような生活を送っているのを見て喜ぶだろうとは思わない。前より少しでも元気になったのを見れば喜べるのである。

認知症になってから、父は霧の中に生きているようで母のことを思い出すことができなくなった。その父が、ある時「忘れてしまったことは仕方がない」といった。だが、この仕方がないという言葉は、諦念というより、忘れても今後も生きて行くのだという覚悟の言葉だっただろう、そう後になって私は思った。

不慮の事故や災害によって家族や愛する人を亡くした人にとって、過去を手放すことは難しい。そのようなことは、本来、忘れることはできない。それでも、過去を手放さなければ生きてはいけない。

東日本大震災で母親を亡くされた人が、「私も早く母のところへ行きたい」といわれた。先に引用した髙山文彦の小説の「あの世とは、よかとこらしいじゃないか。行ったきり、ひとりも帰って来たもんはおらん」という言葉を講演の中で紹介したからだった。しかし、私は「急がなくてもいい、この世での仕事を終えてからでいい」と答えた。

やがて、死んだ人のことも不断に思い出すようなことはなくなるだろう。だが、それでもふと思い出すことがある。その人が生前語った言葉を不意に思い出したり、夢の中で面影を見たりする。その時、その人は生きている時と何ら変わらない。このような時、決して古くなったセピア色の記憶を呼び覚ますというのではなく、死者を思い出した途端ありありとその存在を感じるだろう。

死者を思う家族にとっては、死者が私の中で生きているということは、文字通りの意味で解することができるのだ。死者は死んでからも生者に貢献することができるのだ。

死のあり方によっても変わらない生

死がどんなものであれ、避けることはできず必ず向き合わなければならないもの、すなわち、それがアドラーのいう課題だとすれば、死に対しても他の人生の課題と基本的には同じ態度で臨まなければならない。

死後、人がどんなあり方をするかは問題にはならない。たとえ、死がどんなものかわからなくても、どんな死が待ち受けているとしても、死のあり方によって、生き方が変わるのはおかしい。死が間近に迫った時、それまでの生き方を大きく変えなければならないとしたら、それはそれまでの生のあり方、生き方のほうに問題があったのではないだろうか。

メメント・モリ（memento mori）という言葉がある。これは「死のことを絶えず思え」「死ぬことを忘れるな」という意味である。生を考える時、死を考えないわけにはいかない。

しかしその一方で、この言葉は、死のことに絶えず意識を向けて生きるという意味ではない。人生においては、先のことを考えて待たなければならないことはあるとしても、死だけは待たなくてもいい。死がくることは確実だから。そして死が確実にくるのであれば、死を待たず、今日できることだけに専心すればいい。

前章で触れた、エネルゲイアとしての人生を生きることができれば、何気ない一瞬も違ったふうに見られるようになるだろう。その時、人生は時間を超えた永遠になる。永遠とは時間の延長ではない。そして、人生が永遠になった時、死がどのようなものかは、もはや意味を持たなくなる。

死を恐れない

エピクロスは、次のようにいっている。

「死は、もろもろの悪いもののうちで最も恐ろしいものとされているが、じつはわれわれにとって何ものでもないのである。なぜかといえば、われわれが存するかぎり、死は現に存せず、死が現に存するときには、もはやわれわれは存しないからである」(『エピクロス　教説と手紙』)

生きている間は死は私にとって存在しない。死んだ時は私は存在しない。だから、死は恐ろしいことではない。一見、言葉遊びのようだが、これまで見てきたことを踏まえると納得できる。

死は未来のことなので、今はない。人生をエネルゲイアとして生きるのであれば、死について考える必要はない。だから、死を恐れる必要はない。

今が満たされていれば、これからのことを考えないで、今日という日を今日という日のためだけに生きることができる。いつか死ぬ日がくると、死ぬことばかり思い煩って生きることはないだろう。

第六章　死んではいけない

前章では、死を恐れて生きている人に、今を生きれば死を恐れる必要はないことを見てきたが、本章は、死ぬことでしか苦境から逃れることができないと思うほど追い詰められている人、自分には価値がなく、この上、生きている意味はないと思っている人、死を恐れるのではなく、むしろ、死に惹かれている人に向けて書いてみたい。

人は本来、生きたいと願うものだ。それなのに、苦境の中にあって生きる勇気を失うまでに苦しんでいる人が、どうすればその失われた勇気を回復できるかを考えてみたい。

努力する人は悩む

将来への不安と生きづらさを感じ、自分には生きている意味も価値もないと思う人。この世界の理不尽や不条理に憤るもののそれに抗することはできず、無力感に苛《さいな》まれる人、そのため自ら命を絶とうとまで思う人もいる。

だが、人間は本来、何かによって決定されるような存在ではない。これまでどんな人生を送ってきたとしても、また今現在、どんな不幸な境遇にあったとしても、そうした過去、あるいは今置かれている状況が自分を決定するわけではない。どんな苦境にあったとしても、人には自分の意志で何をするかを決めることができる。ここに人間の尊厳がある。

今、ひどく空腹を感じていて、だが目の前にはパンが一個しかなかったとしても、そのパンを自分以上に必要としている人がいたとすれば、自分では食べずにその人に譲るという判断ができるのが人間である。

もちろん、人には譲らないで自分で食べる人もいるだろう。そのような人は後になって、なぜあの時必要な人に譲らなかったのかと非難されるかもしれないと予想し、後に非難されることになるとしても、「今」食べるほうが自分のためだと判断するのである。

いずれにしても、人は同じ条件下にあっても必ずしも皆が同じ行動を取るわけではない。空腹が行動を決定するわけではない。先にも見たように、人間は外界からの刺激（今の場合は空腹）に反応するだけの存在（反応者、reactor）ではなく、自由意思がある行為者（actor）だからだ。

もはやどうすることもできない、自分が生きていることには意味がない、そう思うということは、自分で自分の尊厳を脅かすことである。だが、誰からも自分の尊厳が脅かされることがあってはならない。たとえ、自分自身からであっても。

たしかに、生きることは苦しい。ゲーテは「人間は努力する限り、悩むものだ」といっている。真剣に生きているからこそ、悩みも深い。行き詰まり、悩み、絶望し、死までも考えるのである。

考えてほしい。人生の意味に飢えるグレートハンガーでない人がこの世にどれだけ多いか。

成功することだけを考え、成功するためには人からどう思われようと嘘をつき不正を犯すことすら厭わない人。そのような人は悩むことなく、良心の呵責《かしやく》を感じることもなく、のうのうと生きている。それなのに、なぜ、あなたが死ななければならないのか。

先に（第一章）三木清が、人生を砂浜で貝を拾うことに喩えているのを見た。人は皆広い砂浜で、めいめいに与えられた小さい籠を持ちながら、一生懸命貝を拾ってその中へ投げ込む。その拾い上げ方は人によって違う。無意識的に拾い上げたり、意識的に拾い上げたり。ある人は習慣的に無気力に、ある人は快活に活発に働く。ある人は歌いながら、ある人は泣きながら。ある人は戯れるように、またある人は真面目に集めている。

ところが何かの機会に籠の中を点検すると、かつて美しいと思っていたものが少しも美しくなかったり、貝だと思っていたものがそうではなかったことに気づく。しかし、その時、この砂浜の彼方に大きな音を響かせている暗い海の大きな波が、ひとたまりもなく人を深い闇にさらっていく。

三木は、貝の中から「一瞬の時をもってしても永遠の光輝ある貝を見出して拾い上げる」ことができる人がいるというのだが、最終的に人は波にさらわれ死ぬのなら、永遠の光輝ある貝を拾い上げても意味はないのではないか。

そもそも、最初から貝を拾うのもやめるという生き方があってもいいではないか。人生の意味に飢え、人生の意味をひたすら問うグレートハンガーは、皆が成功を求めて生きていても、そのことに最初から疑問を持っているので、成功ゲームには参加しようとはしないのだから。

ありのままの自分に価値がある

アドラーが次のようにいっている。

「自分に価値があると思える時にだけ勇気を持てる」(*Adler Speaks*)

あらかじめいっておくならば、先に(第四章)アドラーがこの「価値がある」ということを生産性に置いていることの問題を見た。この点については「価値がある」というのがどういう意味なのかを明らかにした上で後に考えたい。

自分などたいした人間ではないとか、自分は誰にも必要とされていないし、自分のことを好きだといってくれる人などいない。そんなふうに自分を否定的に見る人は、自分に価値があるとは思っていない。

なぜ自分に価値があると思えないのか、どうすれば自分に価値があると思えるようになるのか、そのことを絶望したあなたにこそぜひ考えてほしい。

自分のことを好きかとたずねられることは普段はないだろうが、カウンセリングでは相談にきた人にそうたずねることがある。

多くの人は自分が好きではないという。それどころか、大嫌いだという人もいる。自分のことを大好きといえる人であれば、そもそもカウンセリングを受けようとは思わないだろう。自分が好きであるといういい方に抵抗があるのであれば、自分を受け入れるでもいい。

自分に価値があると思えるというのは、ありのままの自分、生きている自分に価値があると思え、ありのままの自分を受け入れることができるということである。

アドラーは、先に見たように、自分の行動が共同体に有益である時にだけ自分に価値があると思えるといっている。だがこれが間違いであることは後ではっきりと指摘したい。

自分のことが好きではないという人は、ありのままの自分が好きではないのである。しかしどれほど自分に癖があっても、死ぬまでこの自分とは付き合っていかなければならない。それなのに、このありのままの自分が好きになれないとすれば、人は幸福にはなれないだろう。

ありのままの自分を好きになるのであれば、自分を変える必要もない。自分が好きでないので自分を変えたい、この自分とは違う人になりたいというが、そんなことはしなくてもいいし、そもそもそんなことはできないのだ。

先にも見たように、他の道具であれば、気に入らないからとか、もっといいものがあるからと買い換えることができる。しかし、自分という道具は買い換えることはできない。どれほど癖があったとしても死ぬまで付き合っていかなければならない。だからこの私のままで自分を受け入れることが必要である。

なぜありのままの自分を好きになれないのか。それは、小さい時からまわりの大人がありのままの自分であってはいけないと教え込んできたからである。自分をありのままで受け入れることができなくなったことには、親の影響がある。

子どもが生まれた頃は、とにかく生きていさえすればよく、それ以上のことを親は子どもに求めなかったはずである。ところが、子どもが長じるにつれて、親は子どもに特別よくなることを期待するようになる。子どもも親の期待を満たしたいと思う。

子どもに特別よくなることを要求する親は、子どもに成功を求めている。子どもが幸福であることを望まない親はいないだろう。しかし、多くの親は幸福であるためには成功しなければならない、成功こそが幸福だと考える。だから、親は子どもにいい成績を取り、いい（とされる）大学に入り、一流（とされる）大企業に入ったり、官僚や政治家、また医師になることを期待するようになる。

親の期待は子どもにありのままの自分であっては駄目なのだと思わせる。そこで一生懸命勉強する。それで親の期待通りに受験に成功すればいいようなものだが、成功を目指している限り、幸福であることからは遠ざかってしまうだろう。

先にも見たように、人は何も成し遂げなくても幸福で「ある」。つまり、成功とは違って、幸福であるためには何も達成しなくてもいい。今「ある」こと、「生きている」ことがそのまま幸福なのだが、成功を目指していると終わりはない。「次」の目標を達成しなければならなくなる。

よく思われなくてもいい

アドラーは次のようにいっている。

「認められようとする努力が優勢となるや否や、精神生活の中で緊張が高まる」（『性格の心理学』）

勉強は親のためにするわけではないことは私は自明だと思うのだが、親からほめられて育った子どもにとってはそうではない。そのような子どもは親だけでなく誰からも認められたいと思って勉強する。

認められたい人は、力と優越性という目標を立てる。人よりも優れていなければならないと考えるのだ。この目標に近づこうとすると、人は「大きな勝利を期待するようになる」とアドラーはいう。しかし、当然ながら、必ず勝利するとは限らない。絶えず他者と競争することになれば、競争に負けてはいけないという緊張から逃れることはできないだろう。

今回はいい成績を取れたので親にほめられたが、もしも次回いい成績を取れなければ親に叱られるのではないかと思う。実際、いい成績を取れなければ親は何もいわないか叱る。

だが親も、最初からこんなふうではなかったはずだ。生きているだけでありがたかったのに、子どもが大きくなると、子どもに特別であることを求めるようになる。それは具体的には勉強やスポーツができる、また、絵を描いたり、楽器を演奏できるというようなことである。子どもはそのような親の期待に添い、親に認められようと一生懸命努力する。実際、いい成績を収めることができる子どももいるだろう。しかし、どの子どもも親の期待を満たせるわけではない。

そこで、親の期待通りに特別よくなることができないとわかったら、今度は一転して特別悪くなろうとする。

積極的な子どもであれば、何か行動によって親を困らせる。小さい頃から親からハッパをかけられ、いい成績が取れなかった時に、そのことで親に叱られても耐えていた子どもが今度は反撃に出るのである。

そのような行動に出られない消極的な子どもであれば、試験を受けさえしなければ結果が出ないので、試験を受けなかったり、学校に行かなくなるかもしれない。勉強ができるというので子どもに期待をかけていた親であれば、勉強のことで親に揺さぶりをかければ他の何をするよりも親は困ることになる。このように屈折した仕方で、親の注目を引くことができる。親は子どものことが心配になり、子どものことが心から離れなくなるからだ。

自分を犠牲にするな

心の病気になることもある。ある大学生は、親に今日は学校に行きたくないといったが、親が学費は自分が払っているのだからといって子どもが休むことを認めなかった。学校を休むことに親の許可は必要ないと私は思うが、親に反発できなかったその大学生はやがて過食症になった。過食症になったのは、他のことは親のいう通りに従うが、自分の体重だけはコントロールさせまいと宣言することだった。無論、そんなことをしなくてもいい。親は怒るかもしれないが、ただ「今日は学校に行かない」といえばいいだけだ。

夏休み最後の日に、決まって大きな喘息《ぜんそく》の発作を起こす小学生がいた。発作の引き金は母親の「ところで、あなた宿題は」という言葉だった。宿題は子どもが自分でやり遂げる他はなく、たとえ宿題ができていなくて先生から叱られることになっても、そのことは子どもが自分で引き受けるしかない。親には何もできないのだから、子どもも親からこのように問われたら、こう答えるしかない。「まだできてない」と。「今からでは間に合わないのではないか」と親が問えば、「たぶん」と答えるしかない。親は怒るかもしれないが、その怒りの感情は親が自分で何とかするしかない。

子どもは親にいわれるまでもなく、宿題をするべきだと思っている。始業式の日に宿題ができていないということはあってはいけない。事実は、一夏宿題のことを放り出して遊び呆けたということであり、とすればその責任は自分で引き受けるしかないだろう。だから、親にいわれるまでもなく、間に合うか合わないかは問題にしないで、とにかく宿題をし始めるべきなのだ。

そうしないで、宿題をやり遂げて登校するいい子になって、親からも先生からも認められたいと思った子どもの緊張は高まる。発作の背景にはこのようなことがある。発作を起こすと親も早く宿題をするよう促すことはできなくなる。かくて、少なくともその日は宿題をすることを免除されるが、あわよくば誰か代わりに宿題をしてほしいと思っても、結局は自分でするしかない。

ある生徒が、廊下ですれ違った教師に挨拶をしなかった。挨拶は強制するようなことではない。この教師は挨拶をするに値しないと生徒が判断すれば挨拶をしないだけのことである。もちろん、その生徒は教師に気づかなかっただけかもしれないのだが、生徒から無視されたと思った教師は生徒の態度に逆上して「明日から学校にこなくてもいい」といい放った。次の日からその生徒は本当に学校に行かなくなった。

このようなことをいわれたら、生徒が本当に学校にこなくなるとは教師は思っていなかったのだろうか。

翌日からその生徒は学校に行かなくなった。真剣に生きている若い人は、しばしば大人が冗談でいったつもりでも額面通り受け取る。そんなつもりではなかったは通用しない。生徒同士では軽く受け止められる言葉でも、先生からいわれると聞き流せないこともある。

その生徒と話す機会があったカウンセラーはこんな話をした。通常、人は自分の行動の目的を知らない。その生徒も「なぜ」自分が学校に行かなくなったかを知らなかった。そこで、カウンセラーは学校に行かなくなったのは教師に復讐することが目的であると教えた。

復讐というのは、相手に腹を立たせるというよりは嫌な感じにすることである。学校に行かなければ先生が嫌な思いをすると思ったのではないかという説明に、いわれてみて初めてわかった、たしかにその通りだとその生徒はいった。

しかし、教師に対しては、その生徒が期待するような復讐はできないことをカウンセラーはその生徒に教えなければならなかった。

「あなたにとって先生は一人かもしれないが、先生にとってあなたはたくさんの生徒の一人でしかない。あなたが思っているほど先生はあなたのことを四六時中考えていないし、今日は学校にこなかった、明日はきてくれるだろうかなどと心配したりしない。だから、あなたが願っているように先生に復讐することはできないのだ」

この生徒の問題は、自分だけが不利な目にあいながら、先生に復讐しようとしていた点にあった。学校に行かなければ成績は下がり、留年するかもしれないし、卒業できなくなるかもしれないのだから。

どうしたらいいのかと問う生徒にカウンセラーはこういった。

「あなた自身が不利な目にあわないで、かつ先生に復讐する方法が一つだけある」

この助言をするためにはカウンセラーと生徒との間に信頼関係がないといけない。

「昼間は何食わぬ顔をして学校に行く。そして、先生の家に深夜に無言電話をかける」

もちろん、実際に無言電話をかけることを勧めているのではない。これを聞いて笑いが出れば、自分が今していることの無意味さがわかったということである。そこで、カウンセラーは次のようにいった。

「学校に行って、先生にこういいなさい。親が授業料を払っているのだから、私が先生に挨拶しなかったからといって、先生には私に学校にきてはいけないという権利はありません」

こういっても埒《らち》が明かなければ、校長や教頭に訴えるしかない。いずれにしても、学校に行かないことには始まらない。このようなことが実際にできるかどうかはその生徒次第ではあるが、とにかく自分が何かしなければ何も始まらないということがわかればそれが大きな一歩であり、そういうふうに思えるということが、今直面する課題を解決する勇気を持てたということである。

この話をいつかあるところでしたら、学校の先生が昔した経験を話し始めた。

「毎晩、無言電話があったのです。七年半経った時、ふと、あの子かなと思い当たって、いつものように電話があった時、『〜〜君？』とたずねました。そうしたら、『はい』と……。それから話をするようになりました」

七年以上経てば、生徒はとっくに卒業しているわけである。生徒が思いつめて毎晩電話をかけても、先生にはあまりこたえてはいなかった。先生に嫌な思いをさせようと思っても結局こんなものなのだ。

自分の身体を傷つけたり、さらには自らの生命を絶つことで自分を傷つけた人に復讐しようと思っても、期待しているようなことは決して起こらないことを知ってほしい。

若い人を見ていて痛ましく気の毒だと思うのは、不登校のような自分の不利になることをしてみたり、過食症になったり、リストカットをしたりと、自分を痛めつけて主張することで、復讐しようと思うことである。さらには、この復讐が自らの命を絶つという形で行われることなどは決してあってはならない。

特別でなくてもいい

話を戻すと、人から認められようなどと、そもそも思わなくてもいいのである。特別よくなろうとするのも、悪くなろうとするのも、人から認められたいからである。しかし、そんなことをしなくても、ありのままの自分であればいいのだ。

自分がすることを他の人がどう思うかを気にかける人も、人から認められたいのである。もう一人の自分が何かをいい、している自分を見ているかのような状況である。

もちろん、これがいけないわけではない。そのような人はいつも自分の言動が他者にどう受け止められるかということを意識している人である。だから、少なくとも人を故意に傷つけたことはないはずである。故意にという限定を加えなければならないのは、そのつもりがなくても人を傷つけることはあるからである。

このような人に対しては、少しくらい人の気持ちを考えないで、いいたいことがあれば、多少人との摩擦が起こることを恐れず、主張しよう、親をはじめとして他者の期待を満たす必要はない、人から認められようと思わなくていい、そういってちょうどいいくらいである。そのような人は、このように私がいったからといって傍若無人な態度を取る恐れはないからだ。

このような人にこそ、人から嫌われることを恐れるなという意味で、嫌われる勇気を持つことを勧めたい。逆に、もともと嫌われている人、人の気持ちのことなど考えない人は、嫌われる勇気を持ってはいけない。

家庭でいえば親、会社でいえば上司、学校でいえば教師、スポーツでいえば監督やコーチ、医療でいえば医師、こういった人々は今いったような意味において「嫌われて」はいけない。この立場にある人が、嫌われてもいうべきことはいわないといけないという意味で、嫌われる勇気を持たなければならないということがある。しかしそれは、きちんと説明する責任があるのに、人の考えを聞かないで、自分の考えを他者に押し付けるためにこのようなことをいっているにすぎない。

医療を例にとると、患者に嫌われたくないからと患者の病状について正確な情報を伝えないというのであればそれはもちろん間違っているが、余命を伝えるような時に患者が自分の説明をどう受け止めるかをまったく考えないで機械的に事実を伝えると、患者は大いに動揺する。現状を受け止めることには勇気がいるかもしれないが、医師がきちんと説明すれば、時間はかかっても自分に今起こっていることを患者は受け止めることができ、医師が患者から嫌われるなどということは決してないはずだ。

逆に、自分が人にどう思われるかばかり考えると、よく思われるために人に合わせなければならなくなる。相手の気持ちをわかろうとすることはたしかに大切なことだが、それも程度問題である。相手の気持ちのことを考えすぎて同意したくないことにまで相手の顔色を窺って反論しないというようなことになると、いうべきことをいえないし、しなければならないことができなくなる。そうなるとついには、自分の人生なのに他者の人生を生きることになってしまう。アドラーは、そのことによって「行動の自由が著しく妨げられることになる」という。

そのような人は、現実との接点を見失う、とアドラーはいう。現実との接点を見失うと訳したのはドイツ語ではunsachlichである。Sache（現実、事実）から派生したこの形容詞は、Sacheに即していない、即事的でないという意味である。他人の人生を生きている人は、自分の人生から遊離したところで生きているのである。

他者からの評価に囚われない

即事的に生きられるようになるためには、まず、人からどう思われているかは、自分の価値や本質とは何の関係もないことを知らなければならない。

「あなたって嫌な人ね」といわれたらたしかに落ち込むだろうが、それはその人の自分についての評価にすぎない。その人の言葉によって実際に自分の価値が下がるわけではない。その人が単に自分のことを嫌な人と評価しているというだけのことであって、あらゆる人がそのような評価を自分に下しているわけではないからだ。

反対に、「あなたっていい人ね」といわれたら舞い上がってしまうかもしれないが、それもそういった人の自分についての評価でしかない。その評価の言葉によって自分の価値が上がるわけではない。いずれの評価も自分の価値とは関係がない。

仕事では評価されることは避けられないが、それとて絶対のものではない。古来、芸術家や文学者で作品が生存中に正当に評価されなかった例は枚挙にいとまがない。リルケは自分に手紙を書いてきた若い詩人に本を進呈したいと思ったが、そうすることができなかった。貧しいので、一度出版されてしまうともう自分のものではなくなってしまい、自分で自分の本を買うことができないと書いている。

「あなたは自分の詩がいいかたずねられる。私にたずねられる。前には他の人にもたずねられた。雑誌に詩を送る。他の詩と比べる。あなたの詩作がある編集者に拒絶されると不安になる。私はそういったことは一切おやめになるようお願いします」(Rilke, *Briefe an einen jungen Dichter*)。

大事なことは「書かずにはいられないか」だけであり、そのように思って詩を書く人にとって他者からの評価などは問題にならないだろう。

世間の価値観に囚われない

次に、ありのままの自分に価値があると思えるためには、世間的な価値観から自由にならなければならない。先に見たのは、自分のまわりにいる人の評価だったが、多くの人が考える人間の価値についての世間的な、あるいは一般的な評価がここでは問題になる。ありのままの自分を受け入れることができないのは、この、世間的な価値観に囚われているからである。

先に、大人たちは社会適応しろというが、それは自分の死を意味すると私に話しかけてきた青年のことを書いた。

社会に適応するためには、世間の価値観に従わなければならない。だが、それが絶対的に正しいわけではない。何も考えずに従う人であれば悩むことはないだろうが、この青年のように社会に適応することに疑問を持った人は生きづらさを感じる。社会適応する、つまりは世間の価値観に従って生きることが自分の死を意味するのなら、世間の価値観に従わないことこそが真に生きることになる。

この世間的な価値観とは、前にもいったが、成功である。たしかにそれを自分を測る一つの尺度にする人はいるが、それは、成功することが価値あることだと思い込んでいる人たちがいるというだけのことである。

生き方だけではなく、性格のことにまでこうあるべきだという理想が押しつけられることもある。看護師に求められる適格条件の一つとして、「性格が明るく、常に前向きに考える」ことをあげる医師がいた。その通りだと思う人もたしかにいるかもしれないが、これが看護師に絶対に必要な条件かといえば自明ではない。

重篤の患者に日々接する看護師であれば、常に明るく、前向きでいることは難しいだろう。私の患者としての体験からいえば、声が大きくてテンションの高い、明るい看護師さんと接するのはつらかった。そのような看護師さんに合わせようと思ったわけではないとしても、やはり普通にしていられる人のほうがありがたいと思った。

看護師に限らず、明るいことは好ましい性格とされ、就職活動の時にも自分が明るいことを強調しないといけないとすれば、明るくない人はどうしたらいいのか。世間的な価値観に照らして自分の価値を測る必要はないし、自分を変える必要などないのだ。

しかし、自分を変えなければ就職できないではないかという人がいればいいたい。自分ではない自分になって生きることに意味があるのか、仮に自分ではない人になれたとしても、それは私ではない。こんな自分が嫌いだと思っている人がなろうとしている理想の自分とは、単に世間でよしとされている自分でしかないのだから。

子どもの頃からほめられて育ってきた人は、自分では自分の価値を認められなくなっている。自分の価値を知るためには他者からの承認や評価が必要であり、世間的な価値基準に照らして自分に価値があるかどうかの判断をしなければならないからだ。

そのように育ってきた人は、大人になってからもほめられるために行動し、他者の期待を満たすためだけに生きようとする。まわりの人がかつての親の代わりとなり、大人になっても、対象となる人を変えて同じことをするのである。だがそうすると、さらにまた、特別でなければ誰からも認められない、あるいはたとえほめられたとしても、もっと頑張らなければいけないと考え、自分を追い詰めてしまう。

東京のデリヘルで働く女性が登場する映画（『ぼんとリンちゃん』）を見たことがある。彼女はいう。

「今の仕事はやってみたらいやじゃなかった、これで幸せ。男の人はすごく喜んでくれる、必要とされている。ほめられたら嬉しいでしょう？」

しかし、自分の価値を他者に認められることでしか見出せないとすれば、そのような他者がいなければ、自分の価値を自分では認められないことになる。男の人は喜んでくれるという彼女に彼女の友人は、「他人に依存しているだけだ」と看破する。

誰にも認めてもらえなければ、自分では自分の価値を認めることができない。そして、自分自身ではどう行動したらいいかという指針が立てられなくなると、人生の方向性を見失ってしまう。

存在による貢献

彼女が知らなければならないのは次のことだ。

自分に価値があることを知るためには、他者からの承認など必要ではないということと。他者や世間の承認とは関係なく自分に価値があると思えたとすれば、それがこのありのままの自分を受け入れたということ。この二つである。

自分を暗いと思い、そんな自分を好きになれないという人は、明るいことがいいことだという世間一般の価値観を基準にして現実の自分を判定しているので、自分を受け入れることができないのだ。

自分が暗いと思っている人は、暗いのではなく優しいのだ。というのも、そのような人は、自分の言動が他の人にどう受け止められるかを常に考えられる人だから。そのような人は少なくとも故意に誰かを傷つけたことはない。とすれば、それは「暗い」のではなく「優しい」のである。鏡がなければ自分の顔を見ることはできない。だから、この言葉という「鏡」によって、自分のことを違った角度から見ることができるようになれば、ありのままの自分を受け入れることができるようになるだろう。

親も、子どもが「自分を好きではない」という時には、このようにして子どもには見えていないことを教えなければならない。そして何より、ただ生きていることに価値があることを教えなければならない。

親にできることは、何かができてもできなくても子どもを受け入れているということを子どもに伝えることである。何かができたからほめるのでも、何かができなかったから叱るのでもない。子どもの存在、子どもが生きていることをそのまま受け入れることである。親が子どもをそのままで受け入れれば、子どもも特別でなくても、ありのままの自分で貢献していると思え、自分に価値があると思える。

逆にいえば、親が子どもをほめるのは子どもが「何かができる」時だけだ。できない時はほめないという親は、自分の子どもを「有用性」でしか見ていないことになる。

親は子どもが何もできない時、あるいは、子どもが入学試験にしくじったような時にこそ、子どもを守るべきではないか。子どもが学校に行けないといった時にどんなことがあっても学校に行かないといけないなどといわず、家でゆっくり過ごすことを勧める親であってほしい。「あなたのためを思っていっている」というような言葉は子どもには響かない。それどころか、子どもはそれが親の偽善であることを知っている。親が世間体を気にしているだけだということを見抜かない子どもはいない。

中には物分かりがいいように見える親もいる。そのような親は子どもが特別でなくていい、普通の子であればいいという。しかし、話を聞けば、その「普通」は普通ではない。「中学を卒業してすぐに働かれてもいいのですね」と問えば、「せめて高校は卒業してほしい」という答えが返ってくる。「高校はどこでもいいのですね」と問うと、「名の通った学校がいい」といい、「高校を卒業したらすぐに働いてもいいのですね」という問いには、「今時、高卒は多くないから大学に行ってほしい」という。またこの大学もどこでもいいわけではない。かくて、親の普通の水準は極めて高いものであることがわかる。

実際、親が高学歴であれば、「東大でなければ大学とはいえない」というようなことをいうかもしれない。当然、子どもは強いプレッシャーを感じる。子どもは親の期待を満たす必要はないのだから、本当は親を無視すればいいのだが、親の期待は満たさなければならないと信じて疑わない子どももいる。そのような子どもも、親にいわれた通り、高学歴であれば人生で成功し幸福になれると思っている。

そこで、親の期待を満たすために一生懸命頑張るのだが、どの子どもも親の期待を満たすことができるというわけではないので今度は問題を起こすようになる。先にも見たように、子どもが自分だけが不利になるようなことをしたり、自分の身体を痛めつけて親に反発するのは気の毒なことだと思う。親は子どもをそこまで追い込んでいることを知らなければならない。

子どもを有用性で見て、生きているだけでは認めないというのは、親としては最低の態度ではないか。たとえ、子どもが親の理想と違おうと、病気であろうと、問題を起こしていようと、その存在を受け入れるのが親ではないか。

本来は親が子どもを守らなければならない。子どもは自分の親しか知らないので、まわりがどんなに親の対応がおかしいといっても、親を愛しているのでその言葉を受け入れない。親がどんなひどいことをしても子どもは親を許すのである。だが、親は子どもの優しさに甘えてはいけない。

湯川秀樹《ゆかわひでき》が自分はあまり目立たない存在だったと自伝の中でいっている（『旅人』）。父親が、きょうだいの中で彼だけを違った道に進ませようとした時、母親はこういった。

「目立たない子も、あるものです。目立つ子や、才気走った子が、すぐれた仕事をする人間になるというわけでは、御座《ござ》いますまい。かえって目立たないような人間が……」

自分に価値があると思えるために何か特別なことをしようなどとは思わなくていい。親が特別であることを願ったとしても、その親の期待を満たそうと思うことはないのだ。

生まれたばかりの子どもは親からの援助がなければ生きていくことはできない。しかし、そんな子どもでも、ただ一方的に親から与えられているばかりではない。親から与えられるのは、大人からの援助であり、何よりも愛である。子どもは言葉を話せないので、お腹が空いたり、オムツが汚れていて不快であれば泣いたり大きな声を出す。大人はそれを聞いて、子どもが何を求めているかを察しようとする。まだ言葉を話さない子どもが何を求めているかを知るのは時に難しいが、子どもはこのようにして大人から自分に必要なものを与えられる。

ただし、親がこのようなことをするのは、子どもの生存に必要だからというだけではない。子どもを愛しているからである。親は愛を子どもに「与える」のである。

子どもも大人に「与える」ことができる。何をか。幸福をである。親は、子どもが何もしていなくても、子どもの寝顔や微笑むのを見れば幸福な気持ちになる。ただいるだけでまわりの人の心が和《なご》む。何かをすることではなく、生きていることで与えることができ、そのことで貢献できるのだ。

このような時、親は生きていること以上のことを子どもには求めなかったはずだ。親には子どもが生きているというそのこと自体が喜びだった。そんな時には子どもからは何も見返りを求めていなかったはずだ。子どもはその時のことを覚えていないとしても、たしかにそんな時があったのだ。

しかし、生きていることに価値があり、生きていることだけが他者にとっての喜びであり、生きているだけで貢献しているのは、子どもの時だけに限られたことではない。

大人になった今でも、子どもと同様に、何か特別なことをしなくても、生きているだけで、価値があり、他者に貢献しているのである。

それなのに、親はやがて子どもを無条件に愛していたことを忘れてしまう。

子どもの立場にいる人にはいいたい。親から認められようとしなくてもいいのだ。親に向かってこういえばいい。私はあなたの期待するような人になれない、と。親は感情を害されるだろうが、それは親が自分で何とかしなければならないことであって、子どもが考えることではない。誰が何といおうと、自分は自分なのだから、ありのままの自分を受け入れればいいのだ。

生産性に価値を見ない

以上のことを踏まえて、私は先に引いた「私に価値があると思えるのは、私の行動が共同体にとって有益である時だけである」というアドラーの言葉を次のように変えたいと思う。

「私に価値があると思えるのは、私の存在が共同体にとって有益である、そう私に感じられる時だけである」

有益であると「感じられる」としたのは、実際に有益なことができるかどうかはまったく問題ではないからだ。実際に有益か有益ではないかという区別を問題にするということは、価値とは生産性であるという考えに、やはり引きずられている。

病気のために身体を少しも動かせなくなった人がこんな身体ではもはや生きていく価値がないというのも、生産性に価値を置く考え方にからめとられているからである。身体を動かせ、何を作り出せるかを基準に自分が有益かどうかを考えたら、病者、高齢者、また幼い子どもは何の有益性をも生み出せないことになってしまう。大人であれば、絶望するしかなく、自分で命を絶とうと思う人もいる。

そうではなく、何かができてもできなくても、それには関係なく生きているだけで誰もが有益なのであり、自分が生きているというそのことだけで他者に貢献しているのだ。

子どもは、自分が何もできないからといって絶望はしない。それは子どもが生産性という価値観から自由だからだ。しかし、子どももやがて成功を目指しての受験勉強を強いられたら、いつまでも安閑としてはいられないだろう。

私は病気で倒れ、身体を自由に動かすことを許されず安静を強いられた時、前日までとはまったく違う人生を生き、何もできないというその事態をすぐに受け入れることはできなかった。一命を取り留めることができたことを最初は素直にありがたいと思えたが、安静の状態がしばらく続き、やがて、リハビリのために歩くようになっても以前のようには身体を動かせず、一歩を歩くだけでも一苦労だった。

身体を思うようには動かせず、仕事も失った私は自分の生きる価値について考えないわけにはいかなかった。数日後、次のような考えに思い至った。もしも病気で倒れたのが私ではなく、家族や親しい友人だったらどうしていただろう。取るものもとりあえず病院に駆けつけたに違いない。その時、どれほど状態が悪くても、生きてさえいればありがたいと思えたはずだ、と。

そうであれば、同じことを自分自身に当てはめてみてもいいと考えた。ただ私が生きているということが他者にとっての喜びであり、そのことで私は貢献しているのだ、と。人間の価値は生きていることにあるというのはこういう意味なのである。

自分の価値とは、本来、自分で認められるはずのものである。それを他者に認められようとするのがそもそもおかしい。とりわけ、生きているという意味での価値については、誰かに認めてもらう必要はない。私はこんなふうに生きていていいのでしょうか、と問うことはない。生きているだけで価値があると思う人は他の人についても同じように見ることができるだろう。

このように、生きていること自体に価値を認め合うところに人間の尊厳がある。他者から価値がない、生きる価値がないと決めつけられることがあってはならない。ましてや、生きている価値はないと人から殺されることなどは、決してあってはならないのだ。

大きなことをしなくていい

殺傷事件を起こす人については世間は憤り非難するばかりだが、彼〔女〕らも生産性に価値を見る常識にからめとられているという意味では同じである。

何かを成し遂げようと思ったり、成功しようと思ったりして生きてきたけれど、今この歳になっても格別何かこれといったことをしてこなかったことに思い当たった時、人は絶望し、もはや自分は生きていても仕方がないと思う。絶望の程度は人によって違うが、これといって何か大きなことをしないまま人生を終えるのかと嘆息する人はいるだろう。

そのように思った人が、せめて死ぬ前に何か大きなことを成し遂げたら、世間が自分に注目してくれるのではないかと思って、他者を殺傷する凶行に及ぶことがある。もちろん、誰もがそんなことをするはずはないが、そのような事件があるたびに、人を巻き添えにしないで「一人で死ね」という人がいる。だが、そんなふうに突き放すほうが問題だ。「一人で死ね」などといわれたら、いよいよ自分には価値がないと思うだろう。

そのような人に必要な援助は、人間の価値は生きることにあるのであり、成功しなくていい、人に認められようと思って特別なことをしなくていいということを教えることである。自分に価値がないと思う人は、自分と同様、何もできない人もまた価値がないと思う。生きていることに価値があるという見方ができるようになれば、自分も他者も生きているだけで価値があると思えるようになる。

生きたいと思えること

このように思えるためには何かのきっかけが必要かもしれない。どんなに苦しいことがあっても生きたいと思えることがである。何か大きなことを達成した時に、生きていてよかったと思う経験をしたことがある人はいるだろう。志望校に合格するとか、スポーツの試合や音楽コンクールなどで優勝するといったことである。

しかし、そのような大きなことを経験した時にだけ生きる喜びを感じたのではないだろう。むしろ、真の喜びは今となっては忘れてしまっているかもしれない。例えば子どもの頃に何かに夢中になって、そのためにこそ生きたいと思った経験が誰にもあるのではないだろうか。

私は田舎に生まれ育ったわりには、子どもの頃、自然に親しんでいたわけではなかった。だが、それでも川のすぐそばの家に住んでいたので、毎日釣りばかりしていた。夏休みの間もそのようにして過ごしていたので、宿題を休みの間まったくしなかった。それで、夏休みの最後の日は朝から深夜まで宿題をしなければならなかった。

たいていの親は子どもがまだ小さい時には、何かに夢中になっていても、特にそのことを問題にして止めたりはしないが、小学生になると、親は子どもに「そんなことばかりしていないで勉強しなさい」というようになる。

だが、大人になっても「そんなことばかり」して生きていていいのだ。そのような楽しみがあればこそ、生きることが喜びになるのだから。

私が自然の美しさに目覚めたのは、心筋梗塞で一ヵ月入院して、家に帰ってからのことだった。入院中、外には一歩も出ることはなく、ずっと病院の中で過ごしていたので、病院の外に出た時、光が眩しかった。

入院している時は、夜よく眠れず輾転反側《てんてんはんそく》する日が続いたので睡眠導入剤を処方してもらった。私の身体は治療が功を奏してすぐによくなったが、心が受けた衝撃はあまりに大きかったのだろう。その薬を飲めば、次の瞬間には朝がきたが、私はその薬を飲めば二度と目が覚めないのではないかという恐れに囚われた。薬を処方してもらった最初の頃は、薬をテーブルに置いて何時間も飲むか、飲むまいか迷ったものだ。

しかし、やがてそのような恐れに囚われることなく薬を飲めるようになると、朝、目が覚めた時に生きていることを喜べるようになった。このように思えるようになったのは、献身的な介護をしてくれた家族、遠方から見舞いにきてくれる友人、また日々、私を治療し看護してくれた病院の人たちのおかげである。

生きることに価値があり、生きたいと思えるためには、自分が他者から大切にされていることを知ることがそのきっかけになる。

勇気とは何か

以上、人の価値とはその存在にあることを見てきた。もう一度、アドラーの言葉を引いておく。

「自分に価値があると思える時にだけ勇気を持てる」

私はアドラーがこの「価値がある」ということの意味を行動によって共同体に有益であることに限っていることを問題にし、次のように改めたのだった。

「私に価値があると思えるのは、私の存在が共同体にとって有益である、そう私に感じられる時だけである」

次にこれから、アドラーの言葉の後半にある「勇気」がどういう意味なのかを考えなければならない。

前半の「価値がある」ということの意味が変われば勇気の意味も変わってくるが、まずは、アドラーの考える勇気がどのようなものかを見てみよう。

人には取り組まなければならない課題がある。仕事をすること、勉強すること、さらには対人関係が、この、避けることのできない課題である。

仕事や勉強で結果を出すためには努力しなければならないが、最初からいい結果を出すことはできない。最初はできないという現実に直面しなければならない。同様に、対人関係も何らかの摩擦を避けることはできないので困難な課題になる。どんなに親しい人であっても、関係をよくする努力をしなければ、いつ何時不和になるかはわからない。

しかし、そのような努力をしないで、課題から逃げようとする人がいる。仕事や勉強についていえば、結果が評価されることを恐れる。課題から逃げれば、例えば、学生であれば試験を受けなければ結果は出ないので試験を受けないでおこうと考える。対人関係についても、人と関わらなければ傷つくこともないと考えて学校に行かなくなったり、引きこもったりする。

課題から逃げるためには理由が必要である。Aだから（あるいはAでないから）Bができないといい、このAとして誰もが納得しないわけにはいかない理由を持ち出すのである。アドラーは、この論理を日常のコミュニケーションの中で多用することを「劣等コンプレックス」と呼び、このような理由を持ち出さず、課題に立ち向かっていける自信を持てるように援助することを「勇気づけ」と呼んでいる。

自信を持てるために必要なことが、自分に価値があると思えることなのだが、アドラーは、行動が共同体にとって有益である時に自分に価値があると思えるといっている。これがどういう意味かは、共同体にとって有益ではない行動がどういうものかを考えればわかる。

ある少年が誘われて他の少年たちと一緒に泳ぎに行った。彼は泳げなかった。それなのに、皆から賞賛されたいがために泳ごうとした。水は深く危うく溺れるところだった。彼は自分が陥るであろう危険を無視し、その上、他の人が自分を救ってくれるだろうと期待していたのである（『個人心理学講義』）。

たしかに、少年は泳ぐという課題から逃げようとはしていない。しかし、泳げないのに泳ごうとするのは勇気ではなく蛮勇である。無謀な行動の目的は、他の人から賞賛されることだった。しかも、この少年の場合、他の人が助けてくれることも期待していた。だが彼が助かったのはたまたまで、誰も助けてくれなかったかもしれない。誰も助けてくれないことがわかっていたら、そもそも最初から飛び込んだりしなかっただろう。だから、アドラーは、この少年の行動は真の勇気ではなく、「人生の有用でない面」にある勇気だというのである。

それでは反対に、人生の有用な面にある勇気とは何か。それはこの少年とは違って、溺れている人を見た時、泳ぐことができ、かつ賞賛されることなど少しも考えずに飛び込んで助けようとする人に見られるような勇気である。

もちろん、溺れている人を助けるというようなことでなくても、他者から認められ賞賛されるようなことを考えず、共同体にとって有益な行動をする人は勇気があると見なされるだろう。

アドラーが勇気についてこのように語るのを聞くと、とてもそのような勇気は持てないと思う人は多いだろう。自分がするべきことから逃げることなく、それに取り組まなければ勇気があるとはいわれないからである。

また、川や海に飛び込むようなことでなくても、直面する課題が困難でなければそれに取り組むのに勇気は必要ではない、困難な課題を達成することこそが勇気があることだと考える人はいるだろう。

アドラーは困難について次のようにいっている。

「困難は克服できない障害ではなく、それに立ち向かい征服する課題である」(『子どもの教育』)

初めから自分が直面する課題が克服できないとわかっていれば、それに取り組もうとは思わないだろう。しかし、困難は立ち向かい征服する課題といわれるとやはり怯んでしまう。課題から逃げないで、それに立ち向かっていかなければならないというのはその通りだと思うとしても。

この、困難は克服できない障害ではないというアドラーの言葉は、「誰でも何でも成し遂げることができる」というもう一つのアドラーの言葉をすぐに思い出させる（『個人心理学講義』）。多くの人は挑戦する前からできないと思い込んでいるが、それでは自分にはとうていできないという思い込みが生涯にわたる固定観念になってしまう。できるかできないかはやってみなければわからない。そのことをアドラーは「誰でも何でも成し遂げることができる」といっているのだが、それでもこの言葉を先の困難についてのアドラーの言葉と重ねると、誰でも困難を克服し征服できるといっているように聞こえるだろう。

先にAだから（あるいはAでないから）Bができないという劣等コンプレックスの論理を見たが、Aは課題が困難である本当の理由ではなく、ただ課題に取り組まないための理由として持ち出されるというのであれば、劣等コンプレックスの論理から脱却すれば、つまり、できないことを正当化する理由を持ち出さなければ、解決できない人生の課題はないことになる。

しかし、解決できない、征服できない課題は本当にないのか。課題に立ち向かわない人は、やはり勇気がないことになるのだろうか。

生きることが人生の課題

子どもの頃は、誰でもただ生きていた。いつか、汽車（電車ではない）に乗っていた時、私は妹と無心で大きな声で歌を歌っていた。ふと、まわりの大人たちが私たちが歌っているのを聞いていることに気づいた。恥ずかしくなって歌うのをやめた。あれがただ生きているという意味において、私の子ども時代の最後だったかもしれない。

しかし、ただ生きていたのは子どもの時だけではないはずだ。入院していた時には毎日、充実感があった。朝、目が覚めてから寝るまで、できることだけを考えていればよかったからだ。

しかし、やがて身体が回復してくると、退院後の仕事のことを考えるようになった。そうすると、それまで感じていた日々の充実感は消えた。しかし、仕事のことを考えたら充実感がなくなるというのは考えてみればおかしい。充実感がなくなったのは、むしろ生きるということとは別に仕事という課題があると考えてしまったからだった。

子どもの頃も、大人になってからも、また、入院している時も退院後も、常に生きることだけが課題である。病気だった人が健康を回復すると、ただ生きているだけではいけないと考える。しかし、ただ生きるというのがそもそも人生なのであり、それとは別に何か人生があるわけではない。

これまでにもすでに何度も見てきたように、幸福とは存在であり、成功しなくても何も成し遂げなくても幸福であることができる。人は生きているだけで幸福で、そのまま価値があるのだから。

仕事、交友、愛は、いずれも生きることの一つの側面でしかない。アドラーは、この仕事、交友、愛の課題のうちのどれか一つでも突出してしまうと、人生の調和が取れなくなるという。だから、一つの課題だけに拘泥するのではなく、他の課題もできなければならないと考える。

だが、人生の課題のうちのどれか一つにでも真剣に向き合えていればそれでいいではないか、むしろそう私は考える。仕事に一生懸命打ち込んで生きるのも、交友を生きる喜びとするのも、真剣でなければできないことだ。むしろ、それぞれの課題にほどほどにエネルギーを向けるような生き方はつまらない。

また、アドラーであれば、一つの課題に一生懸命で他の課題が手につかないようなことがあれば、課題に直面する勇気を欠いているというだろう。しかし、どんな生き方をしていようが、生きるという課題から逃げることはできない。誰もが、生きている限り生きるという課題に直面しているのであり、生きるという課題には、そこから逃れるという選択肢などはないのだから。

困難にどう向き合うか

問題は、生きることが困難であると考えることにある。たしかに、生きることが苦しいと思わずに生きられる人はいないだろう。何もかも自分の望み通りになるような順風満帆な人生などありえないのだから。生きていれば遭遇する困難は数多ある。しかし、生きることがアドラーのいうように「立ち向かい征服する課題」であるわけでは必ずしもないだろう。

これまで見てきたように、生きることは苦しい。困難は解決できることもあればできないこともある。しかし、困難を克服できるかできないかは困難に取り組んだ結果でしかない。そもそもすでに見てきたように、誰もが老いるのであり、病気と死からは逃れることができない。それらを克服するというのは、不老長寿を達成するかのようである。そうではなく、これらは克服したり征服したりするようなものではなく、ただ受け止め、受け入れるしかないものなのだ。

アドラーは「誰でも何でも成し遂げることができる」という。しかし困難を「立ち向かい征服する課題」といってしまうと、この課題を解決することは、何か歯を食いしばって成し遂げなければならない難業であるようにとられてしまう。そして難業を成し遂げるために勇気が必要であると考えてしまうと、その勇気も何か特別なもののように見えてくる。

人生の課題という困難を前にした時にどんな反応をするかは、人によって違う。病気になった時、誰もが平静に受け止められるわけではない。また愛する人の死は悲しい。死は、それがどんなものであるかはわからないとしても別れであることは確かだ。別れは悲しい。悲しみを抑えることはない。

幼い子どもが立ち上がり、さらに歩くことには大きな困難が伴う。この困難を子どもはやがて克服する。しかし、これとてたんなる結果にすぎない。立ち上がり歩けるようになるために努力すること自体が喜びに感じられる子どももいるのだから。

障害や病気のために歩くことが叶わないこともある。私が心筋梗塞で倒れた時は最初は絶対安静の状態が続いたが、やがて治療が功を奏し少しよくなるとリハビリが始まった。最初はベッドから降りて床に立つだけでも難儀だったが、少しずつ歩ける距離が延びていった。しかし、これもリハビリの結果でしかない。

リハビリは通常、退院後、歩くことなど日常生活を営めるようになることを目標にしているが、たとえ歩けるまで回復しなくても、病気で打ちのめされ生きる気力を失った人が、生きたいと思えるように援助することがリハビリの目標だと私は考えている。

最初の小さな一歩

長年、吃音で苦しんできた私の友人は、他の人は皆自分がどもると馬鹿にして笑うと思っていた。私は彼に「あなたは他の人がどもった時、馬鹿にして笑うだろうか、言葉が出てこなくても待つのではないか」と話した。

「もしもあなたが笑ったりしないで、言葉が出てくるのを待つのであれば、他の人もきっとあなたの次の言葉を待ってくれるはずだ」

彼はこの私の言葉に抵抗していたが、ある朝、駅ですれ違う人に「おはよう」と挨拶をしてみようと思った。知っている人に挨拶することはできても、知らない人に挨拶するには勇気がいる。その上、彼の場合「おはよう」という言葉がすぐには出てこないのである。

それでも勇気を出して挨拶をすると、思いがけず一〇人のうちの八人が挨拶し返してくれた。挨拶しなかった人も決して悪意があったわけではないだろう。知らない人から声をかけられてとまどった人もいれば、忙しくて気づかなかった人もいるかもしれないのだから。

ともあれ、このようにして対人関係の中に入っていく勇気を持つきっかけを得た彼は、やがてタクシーの運転手になった。タクシーの運転手は乗客と話をしなければならない。もちろん、何も話さなくてもいいだろうが、少なくとも行く先の確認はしなければならない。吃音の彼にとっては客とのやりとりは容易ではなかっただろう。

ある日、乗ってきた大学生が彼に声をかけた。

「おっちゃん、よう噛むな」

彼の車に乗ってきた大学生は腫れ物に触るようには彼に接しなかった。「噛む」ことにはすぐに気づいたが、そのことに触れてはいけないとは思わなかった。意識して彼の吃音に注目しなかった人はいただろうが、その大学生はありのままの彼を受け入れたのだ。

普通は、相手が吃音であっても、ことさらにそのことに触れたりはしない。彼も以前は、誰にも吃音のことに触れさせないぞという雰囲気を作っていた。

ところが、どもってもそのことで自分を馬鹿にする人などいないと思えるようになった彼は、長年自分のまわりに張り巡らせていたバリア（防壁）を取り除いた。そうする必要がないことに気づいたのである。

アドラーは、問題行動があって施設に預けるしかないとまで父親に思われた少年について書いている。

「父親はどうすることもできず、教護院に入れようと決心しました。ところが、子どもは股関節結核になり、一年にわたってベッドに寝たきりになりました。それから治り始め、復学しました。その後、彼はがらりと人が変わってしまったのです。そしてこの頃から、非常に愛すべき、勤勉な子どもになりました」(『教育困難な子どもたち』)

いったい彼に何が起こったのか。入院している間に絶えず誰かが自分のことで尽力していることを知ったのだ。それまでは、彼は自分が冷遇されていると思っていた。だが、それが誤りであることを知った。

自分が愛されていることを知ったことで、退院後、人が変わったかのように愛すべき、勤勉な子どもになった。

彼は家族が献身的に看病してくれたことを知ったために、家族に対する見方を変えた。彼もまた特別であることでしか認められないと思っていたが、ありのままでいればいいことを知って、自分と家族、さらには社会との間に張り巡らせていたバリアを取り除いたのだ。

勇気というのは大それたものではない。それは、この二つのケースで見たように、まず、特別であることをやめることである。そのことが、人生を大きく変えることになる。もう一つは、他者についての見方を変える勇気を持つことである。これについては次章で考えるが、少し先取りしていうならば、他者を必要があれば自分を援助してくれる仲間と見ることである。

何にもならなくても、何もできなくても

今の時代は、こうあるべきだという社会にとって望ましい人間像を子どもに押しつけようとする。何かに「なる」ことを求める。そこで、子どもは親やまわりの大人の期待に応えようとするが、応えることができるとは限らない。むしろ、応えられないことのほうが多いだろう。

自分は特別でなければならないと思っていても、そうでなくてもいいと教えてくれるのは他者である。

先に見た病気で入院した少年の家族は、少年が入院前にどれほど問題行動をしていたかには関係なく、ただ生きていることがありがたかった。だから、献身的に看病した。特別でなければ自分は認められないと思っていた少年は、そんなことをしなくてもいいと知ったのだ。

そう、私はこの私でしかないのだから、何かにならなくてもいいのだ。もしも親や大人の期待に応えることで私がこの私でなくなってしまったとしたら、その時には、もはや私は私ではなくなってしまっているのである。自分ではない自分に「なる」ことを断念した時にこそ、本当に人は変われている。実際には前と変わらないように見えたとしても、誰かの期待に応えないでもいいのだと思えれば、それだけで、もう変わったといえるのだ。

親を始めとする大人は、子どもに何かを成し遂げることを求める。大人が子どもに求めるのは、端的にいえば成功である。いい学校に入り、いい会社に入るというようなことである。何をもって「いい」のかはまったく自明ではないはずなのに、多くの人が自分がしてきたことを、あるいは、自分ではできなかったことを子どもに押しつける。

成功したいと思っても、現実は厳しい。入りたい大学があったが、学力が足りなくて入れなかった。好きな人がいてその人と結婚したいと思ったが、親に反対されたり、相手から拒まれたりして、その人とは結婚できなかった。そんな経験をした人は多いだろう。

成功などには目もくれず、現実と妥協せず、理想を求める生き方をする人もいる。若い人だけではない。すでに社会的な成功を収めた人でも、一度は諦めたが、若い時にしてみたかったことに挑戦する人はいる。

仕事を辞めてまでも、そのようなことをする人の生き方は多くの人には理解できない。そのような人に、三木清の言葉を使うと、「世なれた利口な人達」はいう。

「君はトロイメルだ。その夢は必ず絶望において破れるものだから、もっと現実的になり給え」（「語られざる哲学」）

トロイメルというのは夢見る人という意味である。夢や理想が現実を前に破れることはある。しかし、実現しなくても人は「必ず絶望」するわけではない。

「自分の希望はFという女と結婚することである。自分の希望はVという町に住むことである。自分の希望はPという地位を得ることである。等々。ひとはこのように語っている」(『人生論ノート』)

「希望を持つことはやがて失望することである、だから失望の苦しみを味いたくない者は初めから希望を持たないのが宣《よ》い、といわれる。しかしながら、失われる希望というものは希望でなく、却《かえ》って期待という如きものである」(『人生論ノート』)

そして、三木は次のようにいう。

「個々の内容の希望は失われることが多いであろう。しかも決して失われることのないものが本来の希望なのである」(『人生論ノート』)

「個々の内容の希望」は「期待」であり、これが「本来の希望」と対比されている。この本来の希望は三木の言葉を使うと、存在としての幸福である。人は何も達成しなくても幸福で「ある」。夢や希望(実は期待)が実現しなくても幸福であることには微塵も影響を及ぼさないのである。

希望を未来に結びつける必要はない。「今」幸福であること、それ自体が希望なのである。

逃げてもいい

課題に直面する勇気も一方では持ちたいが、課題から逃げても勇気がないことにならないケースがあることも知らなければならない。

成功することを目指すような非本来的な生き方を強いられた時には逃げてもいい。というか逃げるべきだ。

人は子どもの頃から毎日せっせと学校に通う。なぜ学校に行くのかと問われても、おそらく皆が行くからというような答えしか返ってこないだろう。幼い頃から受験勉強に励んできた人であれば、大学に入り会社に就職し、つまりは成功するためだという答えを返してくるかもしれない。希望（実は、三木によれば期待）が破れるとは考えていない。

ところが、受験に失敗したり、病気で倒れたりという経験をすると、人生が自分の思いのままにならないことを知る。このような経験をしても、その後の人生で少しも考えを変えない人もいるだろうが、それが人生の意味、幸福とは何かについて考え始めるきっかけになることもある。

このような経験をしなくても、なぜ学校に行かなければならないのか、なぜ勉強するのかということに疑問を持つ人はいる。このような疑問は、毎日、自動的に身体が学校に運ばれているような人には想像もできない。

親に、なぜ勉強するのか、なぜ学校に行かなければならないのかと問うてみても、はかばかしい答えは返ってこない。親もまたそんな疑問を持たずに人生を送ってきたからだ。私が「なぜ勉強するのか」というような話をすると、今は受験前で気持ちがぶれることがあってはいけない、つまり勉強することに疑問を持ってはいけないので、そのような話は子どもにはしないという親がいて驚くのだが、親からいわれなくても自分の人生について考えてほしいと思う。

このような疑問に囚われてしまうと、それまでのように無邪気に学校に通えなくなるかもしれない。勉強が手につかなくなるかもしれない。しかしそれは、人生の課題から逃げているのではない。むしろ、このような問題を棚上げにして、とにかく今は勉強するしかないと思って疑問に蓋をすることこそが人生の課題から逃げていることなのだ。

もう一つの逃げてもいいケースについては次の章で見るが、これも少し先取りしていうと、いじめられているとか、職場での対人関係がうまくいかないという時にはそこから逃げてもいい。人はたった一つの共同体や社会に所属しているのではないので、そこから離れたからといって、対人関係全般から逃げることにはならない。

さらに、偽りの仲間からはむしろ積極的に逃げなければならない。人を利用するために仲間であるふりをして近づいてくる人がいる。若い人に限らない。高齢者が巧みなセールストークに騙されて高額な商品を買わされたり、詐欺にあったりするという話はよく聞く。なぜ騙されたのかと問われて、若い人にあんなに優しくされたことはないと答える人がいる。

性格について明るいことがよしとされるのは先に見たが、さらに、友だちは多くいなければならないと考える人は多いようだ。しかしたくさんの友だちがいる必要はない。本当の友だちは一人いればいいのだ。誰とでも仲良くなる必要などはない。さらにいえば、現実生活において友だちがいないからといって、交友の課題から逃げているということにはならない。そんな人でも決して孤立して生きているわけではないし、そのようなことはそもそもできないのだから。

次章では、この他者との関係について考えてみよう。

第七章　他者との結びつき

人生の行く手を遮る困難は多々あるが、対人関係の困難はその最たるものである。人は対人関係に躓《つまず》くと、生きる意欲を失い、絶望することがある。だがその一方では、自分に価値があることを他者から教えられ、他者と結びついていると感じられることによって対人関係から生きる勇気をもらうこともある。

前章では、人間の価値は生きることにあることを見た。しかし、それでもなお、自分だけの力ではそう認めることは難しいと思う人もいるだろう。そのような人には、他者の援助が必要である。というか、人はみな、他者の援助が必要である。なぜそうなのかを明らかにしたい。

対人関係は不幸と幸福の源泉

人は一人で生きているのではなく、他者とのつながりの中で生きている。これがすべての出発点である。

この人と人とのつながりが共同体である。家族、学校、職場、国家などが共同体である。この共同体の中に自分の居場所があると感じられること、ここにいてもいいと感じられること、このような意味での所属感は人間にとっての基本的な欲求である。

ところが、人と関われば何らかの摩擦が生じないわけにはいかない。嫌われたり、憎まれたり、裏切られたりして傷つく。アドラーが「あらゆる悩みは対人関係の悩みである」というのは決して誇張ではない。

対人関係で傷つけば、誰とも関わりたくなくなる。少なくとも、人との付き合いをできるだけ避けたいと思うだろう。長く不登校をするとか、引きこもるというようなところまではいかないとしても、今日は学校や会社に行きたくない、そう思ったことのない人のほうがむしろ少ないのではないだろうか。

学校で勉強することや仕事をすること自体は面白く、意欲的に取り組むことができたとしても、職場の上司や同僚、またクラスメートとの関係がよくなければ、やはり職場や学校には行きたくなくなる。ましてや、理不尽ないじめにあっていたり、職場にパワハラやモラハラ、さらにはセクハラがあれば、たちまち登校したり出社したりする意欲は失せるだろう。

しかし半面、生きる喜びや幸福も対人関係の中でしか感じることはできない。例えば、長く付き合ってきた人となぜ結婚しようと思ったかといえば、この人と結婚したらきっと幸福になれると確信できたからである。だからこそ、結婚に踏み切れたのであり、結婚しても不幸になると思って結婚する人はいないだろう。

この人と一緒であれば、どんな苦しみも共にすることができると思え、その苦しみの中で生きることがそのまま幸福であると思えたからこそ結婚しようと思えたのだ。

仲間としての他者

結婚に限らず、対人関係をただ煩わしいものとは思わせないのは、「仲間」がいるからである。この「仲間」はアドラーの使うMitmenschenに当てた訳語である。「人（Mensch）と人（Mensch）とが結びついて（mit）いる」という意味だが、この正確なニュアンスは「仲間」という言葉で伝えることは難しい。

これの対義語が「敵」である。原語はGegenmenschenで、こちらは「人と人とが対立、敵対（gegen）している」という意味である。

他者をどう見るか、それがいちばん重要だ。他者を必要とあれば自分を援助してくれる仲間と見るのか、それとも、隙あらば自分を陥れようと思っている敵と見るのか、それによって、他者との関わり方が大きく違ってくるからだ。

所属感は人間の基本的欲求であることを先に見たが、共同体の中に自分の居場所があると感じられるためには、当然のことながら、そこに入っていかなければならない。しかし、そうしようとしない人もいる。他者との関係の中で傷つくことを恐れるからだ。

そこで、人は二つの仕方で共同体に入らない決心をする。一つは、自分には価値がないと思うこと。自分でも自分が好きになれないのに、どうして他の人が自分を好きになってくれるだろうかと考えるのである。もう一つが、他者を敵と見なすこと。他者を自分の「敵」と見ている限り、共同体の中に入っていこうとはしないだろう。

たしかに、共同体のすべての人が仲間であるとは思えないだろう。実際、何をしても受け入れようとしない、自分を隙あらば陥れようとしているとしか見えず、自分の人生の行く手を塞ぐような人は必ずいるものだ。しかし、だからといって、皆が敵であるわけではない。だから仲間を見つけ出さなければならない。というか、見つけ出すというより、仲間がいることに気づくというほうがむしろ正しい。

小学生の時、いじめられていた同級生がいた。彼女をいじめる人は担任の先生にはわからない場所と時を選んで、彼女に心ない言葉を投げつけていた。しかし、誰も彼女をかばわなかった。そんなことをして、「あいつのことが好きなのだろう」などといわれることを恐れたのだ。

そんなことが日常的に行われていることを先生に告げ口する者もいなかった。私自身は心ない言葉をかけたことは一度もなかったが、いじめをやめさせるためには何もしなかったのだからやはり同罪だった。

だが、いじめられていた彼女はそれでも学校を休まなかった。彼女の不可侵な神聖はいじめによってもいささかも損なわれることはなかったのだ。大人になって読んだプラトンやマルクス・アウレリウスの本で「善き人には悪しきことは一つもない」（プラトン『ソクラテスの弁明』）「誰一人私を損ないうる者はない」（マルクス・アウレリウス『自省録』）という言葉を読んだ時、私はこの人のことを思い出した。

このようないじめを受けていた彼女は、この時自分をいじめる人はもとより、自分を守ろうとはしない同級生を見て、他者は仲間ではない、自分は誰ともつながりがなく孤立していると感じていただろうと思うと今も胸が痛む。

この話を親しい友人にしたら、彼のクラスにもいじめられている女の子がいたという。彼に、その時どうしたのかとたずねたら、毎日一緒に帰っていたという。

彼がそういう行動を取ることでいじめの首謀者たちから何かしらのことをいわれただろうと想像できるが、彼はそのようなことはものともしなかった。

彼は彼女にとっての「仲間」だった。彼女を守り、一緒に帰った彼の存在は、他者についての彼女の見方を変えただろう。まわりの自分をいじめる人はみな敵だと思っていただろうが、彼が彼女を守ってくれたことで「仲間」がいることを確信したに違いない。

いじめられている人にも差別されている人にも、自分を支持し、連帯してくれる人はやはり必ずいるはずなのだ。そのような人と結びついていると感じられたとすれば、そのような人と自分とが構成している共同体に自分が所属していると感じることができるだろう。

いじめられていた私の同級生が、もしも自分が所属する学級や学校だけが唯一の共同体だと思っていなかったとすれば、現実の共同体には仲間はいなくても、孤独とは感じていなかったかもしれない。

他者を分別しない

さらにいえば、普通は他者を「仲間」と「敵」に分けるが、そうすることが当然のことなのかをまず考えてみなければならない。両親に愛されてすくすくと育った子どもが突然、非行に走った時、「自分の息子だとは思えない」と嘆いた父親がいた。親なのに自分の子どもを受け入れることができないのは悲しいことだ。

親はこの子どもが突然、非行に走ったと思いたいだろうが、親がそのことにまったく無関係だったとはいえない。「自分の息子だとは思えない」といった時、その親は仏教の言葉を使うならば、子どもを分別《ふんべつ》しようとしたのである。

『仏説観無量寿経《ぶっせつかんむりょうじゅきょう》』に韋提希夫人《いだいけぶにん》の話がある。夫人も夫の頻婆娑羅王《びんばしゃらおう》（古代インドマガダ国の王）も釈迦の教えを聞く仏教徒だったが、息子の阿闍世王子《あじゃせおうじ》がクーデターを起こし、親を牢獄に幽閉してしまった。それまで平和だった家庭が一瞬にして崩壊した。

韋提希夫人はこういっている。

「我、宿何《むかし》の罪がありてか、この悪子《あくし》を生ずる」

私はいったい昔どんな罪を犯したために、この悪子を産んだのか。愛する一人息子を「悪子」と呼ばなければならなかった韋提希夫人は「悲泣雨涙《ひきゆううるい》」したと仏典は伝えている。

子どもを「悪子」と呼んだ時、韋提希夫人は子どもを分別し、親子の関係を断絶しようとした。子どもが「悪子」になったのは彼女が「むかし」犯した罪のためではない。子どもが生まれて以来の子どもとの関係に問題があったのである。

親は、子どもが自分が理想とする子どもでなければ駄目だというレッテルを貼って子どもを排除する。親の側のこのような分別が最初にあって、子どもが問題を起こすのであって、最初から子どもが問題を起こすことはない。

私のせいでこの子はこんなふうになったと嘆く親は多いが、そのような親は子どもが親の期待通りに成功すれば、今度はそれは自分のおかげだと思うだろう。だがそれは子どもが努力したからであって、親のおかげではない。何事も子どもが自分の意思で選んできたことなので、親の影響で悪くなった、あるいはよくなったと考える親はあまりにも支配的だといわなければならない。

他方、子どもが何か問題を起こした時、どうして子どもはこんなことをしたのかとあっけらかんという親がいるとすれば、それも間違っている。親は「悪子」に育てるつもりだったはずはない。よき子に育つことを願っていたに違いない。それでも、親は子どもに大きな影響を与えないわけにはいかないのだから、そのことを棚上げにして子どもが問題を起こした時に、自分の子どもではないと見てはいけないし、「悪子」と呼んではいけない。

親子だから分別してはいけないのではない。あらゆる争いは自分と他者とを分別することに起因するからだ。差別やいじめ、また戦争も根底に自他の分別がある。

アドラーがMitmenschenという言葉を使う時、人と人とが事実として結びついているといっているのではない。むしろ、人と人との結びつきは自動的に成立するというようなものではない。自分の息子だとは思えない子どもであっても、親が子どもを分別しない、自分とこの子どもとは結びついていると見なす意識的な決断がここでは必要とされるのだ。

また、人を殺《あや》める事件があれば、犯人に憤りを感じるだろうが、私は人を殺めるようなことは決してしないと殺人者を分別しても、同じような事件はまた繰り返されるだろう。死刑も分別である。「一人で死ね」というのも同じである。

同じ状況に置かれた時に自分も同じことをするかもしれないと思えなければ、犯人を理解することはできず、容易に犯人を分別することになってしまう。もちろん、理解と賛成とは別物で、理解したからといって犯罪を肯定することにはならない。するべきことは、犯罪者を理解すること、少なくとも理解しようと努めることである。

他者は敵であると考えることも、他者を分別することである。だが、実際には他者、とりわけ自分をよく思わず敵対しているとしか見えない人を仲間と見ることは難しい。だがそれでも、その人が仲間か敵かどうかはやはり自分が決めているのである。他者は仲間であり、人と人とは結びついていると思えるためには意識的な決断が必要である。そしてそのためには、そもそも敵と仲間に分けないことが前提となる。

偽りの結びつき

他方、やすやすと他者との結びつきが成立する時、その結びつきは偽りのものである。

例えば、夫がアルコール依存症で、その夫を妻が支えるという時、夫は妻の支えなしには生きていけないが、妻も夫を支えることに自分の生きがいを見出す。共依存といわれる関係が生じる。

生まれたばかりの子どもの頃は誰もが泣いた。お腹が減った時、身体のどこかに痛みがある時、泣くことによってしか親に伝える術《すべ》はなかった。親も子どもが何もいわなくても、あるいは、いえなくても、いつも子どもに何か異変がないか気をつけていなければならなかった。

子どもは親に依存するというよりも、生きていくために不断の親の援助が必要だった。苦しい時には、親が慰めてくれた。

ところが、やがて大きくなれば、たいていのことは自分でできるようになるので、親の援助は必要ではなくなる。苦しいことがあっても、親が代わりに解決できるわけではないことを知っている人は親にいつまでも頼らないし、そうすることを恥ずかしいと思うだろう。

援助を求めなければならないことはもちろんある。だが、援助が必要だからというよりは、注目してほしいためにまわりの人を動かそうとする人がいる。

苦境にあった時に自分を慰めてくれた優しい親のことが忘れられず、大人になってからも自分を慰めてくれる人を求める。実際、苦しんでいる人がいれば、まわりの人は放っておけない。

そこで、自分を慰めてくれる人に依存することになる。慰める人もこの人は私がいないと生きていけないと思い、支えることに生きがいを見出す。そうなると、二人の間に容易に恋愛感情が芽生えるが、これは依存であってその結びつきは偽りである。

「一緒に死のう」と誘われ、その誘った当の本人によって多くの人が殺されるという事件があった。だが、そのようにして殺された人たちも、本当に死にたかったわけではなかった。犯人の男は「会うと、本当に自殺したい人はいなかった。寂しくて、話し相手がほしいだけだったように感じた」と述べている。

殺されてしまった人たちは、一緒に死のうといった犯人に自分と同じ孤独を見たのだろう。初めて自分を受け入れられたと思った人は、「死のう、死なせてあげる」といわれた時にも断ることができなかった。

自分には生きる意味がない、自分には何の価値もないと思っている人は「一緒に死のう」と犯人にアプローチされた時、その犯人と結びついていると思った。だが、この結びつきも偽りだった。

とすれば、他者を仲間と見ること自体は間違ってはいないとしても、相手がどんな人か、何を求めているのかを見分けることが重要になってくる。あるいは、自分に価値がないと思っていれば、優しい言葉をかけてくる人の甘言につられてしまう。

映画の中で、男の人が喜んでくれるからというデリヘル嬢に、彼女の友人が「他人に依存しているだけだ」と看破したことは先に見た。

映画の中の彼女は、あるいはこの事件の犠牲者は、ありのままの自分に価値があるとは思えなかった。人から支えられ慰められたいと思う人も同じである。いずれも普通にしていたら認められないと思っていた。ありのままの自分に価値があると思えないので、誰かに認められようとして、自分にとって一番大切なものである性と命を差し出すのだ。

しかし、それで自分の孤独が満たされることは決してない。孤独を感じる人は誰かとのつながりを求めるが、このようにして築かれた結びつきは偽りのものでしかないからだ。

偽りの結びつきから真の結びつきへ

では、他者を自分とは違うと排除するのでもなく、また偽りの結びつきでもない、真の結びつきとはどうあるべきなのだろうか。

いじめられても屈しなかった先述の私の同級生のような揺るぐことのない強さを持った人ならばともかく、本来的に弱い人はいったいどうすればいいのか。

まず、生きていること自体に価値があることを知らなければならない。

たとえ、親やまわりの大人が、また社会が特別であることを要求しても、それとは関係なく、自分で自分の価値を認め、他の誰のでもない自分自身の人生を生きればいい。

自分で自分の価値を認めることができず、自分の価値を低くしか見ることができない人は、これまでの人生で、特別である自分にしか価値を認めてくれないような人にしか出会ってこなかったのだろう。

何度もいうが、生きること、それそのものが人生の課題である。具体的にいえば、他者と共生すること、他者とのつながりの中で生きていくことである。生きていることそのものから自分には価値があると思えたとしたら、人との結びつきの中に入る勇気を持つことになる。

だが人との結びつきの中に入っていく時にも、何も特別なことなどはしなくてもいい。何か人を困らせるような問題行動をする人も、本当は人とつながりたいのだ。とすれば、そのようなことをしなくても他者と結びつけることに気づくことが次に必要なことになる。

この、人と結びついているということをアドラーは「共同体感覚」という。共同体感覚という概念を表す言葉はいくつかあるが、そのうちのMitmenschlichkeitが、アドラーがこの言葉によって伝えようとしたことを一番明確に示している。

先に「仲間」という意味のMitmenschenという言葉があることを見た。Mitmenschlichkeitというのは、「他者は〔敵ではなく〕仲間であること」「人と人とは

〔離れているのではなく〕結びついている」という意味であり、共同体感覚という時には、人と人とは結びついていると感じられるということである。

アドラーは、この意味での共同体感覚は、生まれつきのものではなく、「意識的に発達させなければならない先天的な可能性」であるといっている（『人はなぜ神経症になるのか』）。しかし、共同体感覚が可能性であるとしても、先天的であるかはなお問題がある。というのもこの感覚は意識的に発達させなければならず、息を吸うことや直立歩行のように自然に発達する資質とは異なるからだ。人と人とが結びついていると思えるためには意識的な決断が必要なのだ。

アドラーが共同体感覚という考えに到達したのは、軍医として参戦していた第一次世界大戦の最中だった。人と人とが殺し合うという現実を目の当たりにしたアドラーは、人と人とが結びついているどころか、敵対している現実を目の当たりにしたはずだ。

それなのに、人と人とは結びついていると思えるようになるためにはある飛躍が必要だったであろう。先に見た吃音の人にとっても、他者は自分の吃音を笑うはずはないと思えるためには大きな飛躍が必要だった。自分が言葉に詰まる人を馬鹿にして笑わないのなら他の人も同じだと思った時、彼は変われたのだ。

真の仲間を見出す勇気

次に、弱い人が自分の価値を認められるようになるためには、他者の力が必要だ。だがこれは、他者に自分の価値を認めてもらうという意味ではない。その他者はありのままの自分を受け入れてくれる人でなければならない。そのような他者の力のおかげで、自分で自分の価値を認められるようになるのである。

そのような人が、他者を本当にこの人は仲間なのだと思えるようになるためには、やはり他者の側からの働きかけがどうしても必要な場合がある。その働きかけを受けた時、他者を（たとえ、すべての人ではないとしても）自分の仲間だと思え、ありのままの自分を受け入れることができるようになる。

また、ありのままの自分を受け入れてくれる人も同じく仲間である。そのような人との出会いは人生を変える。

先に見た吃音の友人は、他者は自分がどもっても笑わないと思えた時、つまり、他者を仲間だと見なせるようになった時に、すれ違う人に挨拶をしようと決心をした。挨拶をし返す他者の存在は彼の他者についての見方を変えた。

先述の股関節結核で入院した少年も他者を敵だと思っていただろうが、家族が献身的に彼の看病をするのを見て、他者を仲間と見られるようになった。ただし、この少年も自分と他者が結びついていると思うためには決断が必要だった。家族が次々に見舞いにやってくるのを見てもすぐに自分が間違っていたと思ったわけではないだろう。にわかには信じられなかったかもしれない。

敵だった家族が彼の入院をきっかけにして仲間になったわけではなく、そもそも入院する前から仲間だったのに彼が気づいていなかっただけなのだ。彼のほうも、もともと家族と結びつきたいと思っていたことに気づきさえすれば、他者についての見方を変えるための努力は大変な難業ではなかったはずだ。そのことに気づいたとき、家族との、さらには家族以外の他者との対人関係に入っていく勇気を彼は家族から与えられたのである。

また、人にいわれた言葉でも、その取り方によって意味が変わることがある。相手には悪気はなかったのに、自分が悪く取ってしまい、しかもそのことを長く引きずってしまうような場合である。私にもそのような経験があった。

母が亡くなってから、しばらくの間父と二人で暮らしていた。私はその時、二五歳だったが、それまで料理をしたことがなかった。最初は外食ばかりしていたが、そのうち飽きてきた。父はある日こういった、「誰かが作らないといけない」。そういった父自身は自分で料理を作る気はなかったので、私は、私に作れといったのだと思った。そこで、料理の本をたくさん買い込んで料理を作り始めた。

ある日、カレーを作った。私が参照した本の中に「男の料理」という本があって、そこにはルーから作るように書いてあった。弱火で小麦粉を焦がさないように炒め、玉ねぎも同じく焦がさないように飴色になるまで炒めた。

ちょうどカレーができた頃に帰ってきた父は、私が三時間もかけて作ったカレーを口にしていった。「もう、作るなよ」と。

今振り返れば、父がこんな短い言葉を発しただけとは思えないのだが、父のこの言葉が決して悪意からではなかったことに気づくのに一〇年もかかった。せっかく三時間もかけて作ったのに「もう、作るなよ」はひどい、これほど勇気をくじく言葉はないと思っていたのである。カレーを作った時、私は大学院生だった。父は私の作ったカレーがまずいので「もう、作るなよ」といったのだと固く信じこんでいたが、父がその時いおうとしたのは、次のような意味であることに、一〇年かかってようやく思い当たったのだ。

「おまえは、学生だろう。学生だったら、勉強しないといけない。だったら、私のためにこんな手の込んだ料理はもう、作るなよ」

相手の言動をどう取るかは多分に主観的なものである。相手が同じことをいったとしても、相手に好意を持っており、これまで使った言葉でいえば、仲間だと思っていたら、仮にひどく傷つけられるようなことを実際にいわれたりされたりしても、何かよい意図があったのではないかと考えられる。

他方、相手を仲間だと思っていなければ、どんな言動も悪意があるとしか思えない。父の言葉を違う意味で取れるようになった時、父との関係はすでによくなっていた。あるいは、父との関係をそれまでとは違ったものに見られるようになったので、父の言葉を違った意味で取れるようになったというほうが正しいかもしれない。

父の「もう、作るなよ」という言葉の解釈はこれで間違っていないと今も思うのだが、ある時ふと、父は私が考えたのとはまた別のことを伝えようとしていたのではないかとも思った。私は「誰かが作らないといけない」という父の言葉を、「お前が作れ」という意味だと何の疑問もなく解し、しかも、ずいぶんと力を入れて毎日料理を作り始めたのだが、もしも「誰かが作らないといけない」という言葉を私が軽く流し、その後も外食を続けたとしても、父はそのことを格別不満に思わなかったかもしれない。また料理を作るとしても、普通の料理でよかったはずである。それなのに、私は自分が特別でなければいけない、そうすることでのみ父に受け入れられると思っていたのだと思う。あるいは、とうてい及ぶべくもないとしても、料理の得意だった母と競おうと思っていたのかもしれない。

その母も私を受け入れてくれていた。若い頃、私は自分について低い評価しかできないでいた。ところが、ある日、母が亡くなって何年もしてから、ふと母のことを思った。母は私がどんな人間であっても、無条件に、つまり、特別でなくてもこのありのままの私を受け入れてくれていたはずだということに思い至った。

作家のキム・ヨンスが文学賞を取った時、朝鮮戦争参戦勇士である父親が、胸に勲章を着けて授賞式に出席し、「この人は私の息子です」といって自慢した（『청춘의 문장들＋』）。私はこの話を読み、離れて暮らしていた父が、私の家にくる時にはいつも、電車の中で私の本を読んでいたことを思い出した。後に認知症を患っていた父を実家に引き取って介護をした時にも、前に住んでいた家から私の著書を大事そうに運んできた。

父が病気になってから、キム・ヨンスの父親のように、私のことをまわりの人に自慢していたことを聞かされた。

私は父にあまり愛されたとは長く思っていなかったが、自分の子どもが生まれた時、父もまた私を今の私と同じ思いで見てくれたはずだと思った。私は父との関係が悪いと思っていたが、父のほうはとうの昔にありのままの私を受け入れてくれていたのだ。

誰の前でもよく思われようとし、そのために特別であろうとしてきた人にとって、自分をありのままに受け入れる人こそが真の仲間である。このような他者との出会いによって、特別でなくてもこのありのままの自分でいいことを知ることが、苦しい人生の中で生きる喜びを見出すための突破口になる。

他者からの援助

どんな時も何もかも自力で課題に取り組まなければならないとは思わなくてもいい。

たしかに、子どもが歩けるようになるためには、大人が常時手を取っていてはいけないだろう。時には転倒し、怪我をすることもあるかもしれない。そんな時に大人は少し離れて子どもを見守らなければならない。

しかし、子どもが立ち上がろうとする時、大人がその手を取ったからといって、そのことがただちに子どもの自立を妨げることにはならない。大人でも立ち上がる時、また歩く時に援助が必要なことがある。そんな時、まわりの人が手を差し伸べることがその人の自立を妨げることにはならない。

看病されたり、介護されたりするといった場合も同じである。援助する側は援助することで貢献できるのだから、必要な時は援助を求めてもいいのである。

大事なのは、いわば心の自立である。生きる姿勢が依存的でなく自立しているなら、行為の面で必要があれば、他者の援助を求めていいのである。

人は誰でも生きている限り、誰かに迷惑をかけるものだ。だから援助を求めては迷惑をかける、などとは思わなくてもいい。お互い様なのだから。自分が援助できる時に、援助が必要な人を援助すればいいだけだ。また、援助を受けたからといって、元気になった時に返そうと思うこともない。

自分が受けたものを返す時にも、受けた当の人に返そうと思うことはない。実際、子どもは親から受けたものを親には返せない。自分の子どもや社会に返していけばいいのだ。

援助を求めるには、勇気を出して、一歩だけ、自分から歩み寄ってみてはどうだろう。

私はこんな経験をしたことがあった。私と父との関係は、子どもの頃からずっとよかったわけではなかった。小学生の時に父に殴られたことがあった。普段、温厚な父がなぜあれほど激昂《げきこう》したのか、今となっては思い出せない。よほど父の気に障ることをしたかいったかしたのだろう。私は怖くて机の下に逃げ込んだが、そこから引っ張り出されてまた殴られた。

大学院を出てからも、私がなかなか就職しないことを父はよく思っていなかった。というか、父にとって私の人生は学業を終え、すぐに就職した父の理解を超えていたのだと思う。

母が若くして亡くなり、しばらくの間、二人で暮らしていた。同じ空間に居合わせているだけでも空気が凍った。以前は母が私のことをよく理解し、父と私の間の防護壁になっていたようなところがあった。その母が亡くなったので、父と直接対峙しなければならなくなったのだ。

やがて、私は結婚し、私と妻、そして父の三人での暮らしが始まった。ところが、その暮らしがずっと続くものと思っていたところ、定年を迎えた父はある会社の嘱託《しょくたく》として働くために家を出た。

離れて暮らしたことがよかったのか、少しずつ父との関係は改善したが、それでも最初の頃は、お盆や正月に父が帰ってくるたびに緊張した。

一〇年が過ぎ、定年後に再就職した会社も退職して、再び父が戻ってきたが、私たちとは同居せず、一人で居を構えた。

ある日、父から電話がかかってきた。

「お前のやっているカウンセリングを受けたい」

この申し出は唐突だったので私は驚いた。

一般的には、親のカウンセリングはできないといわれる。しかし、父の申し出を断る理由はなかったので、一月に一度、父と会って話をすることになった。

父には長く付き合っている親しい友人はいたが、友人には話せないと思ったのか、私がカウンセリングをしていることを知っていて私に相談をしようと思ったのか。おそらく後者だったのだろう。

父の家の近くに住む妹夫婦や孫たちとのことが話題になった。会社を辞めた父が私の家ではなく、妹の家の近くに居を構えたのは当時病気で身体を弱らせていた妹のために力になりたいと思ったからだった。これも父と会って話した時に初めて聞いたことだった。

人は誰もが「役割」という仮面を被《かぶ》って生きている。英語の「人」を意味するパーソン(person)は「仮面」という意味のラテン語のペルソナ(persona)が語源である。関係がうまくいっていないと思える時、関係を改善するためにできる一つの方法として、どちらかが仮面を外してみることがある。

どちらかが歩み寄らなければいつまでも関係は変わらない。私と父の場合、父のほうが先に仮面を外した。「父親」という仮面を外し、対人関係の悩みを私に打ち明けた。その際、父はまさに一人の人間として私と向き合っていた。だから私も、一人の人間として話を聞くことができた。その時から、劇的に父との関係は改善した。

カウンセリングを受けたいと私に歩み寄ろうとした父のちょっとした勇気がその後の父と私の関係を大きく変えることになった。長年の確執を超えて父と私は仲間になった。

私がカウンセリングをしてきた経験からいえば、男性が相談にくることはあまりなかった。お前の話などなぜ聞かないといけないのかと思う人もいただろうし、自分の弱みを見せたくないという人もいただろう。どれほどつらくても自力で何とかしなければならないと思い、我慢に我慢を重ね、ある日、突然、出社できなくなるという人も見てきた。

追い詰められ死をも考える人にとっては、誰かに助けを求めようと思えるかどうかは生死を大きく左右する。だから、必要な時には他者に助けを求める勇気を持ってほしい。助けを求めることは弱さを見せることだと思う人は多い。だが、それは決して弱さではない。

将来の昇進を保証されて不正を見逃したり、自らも虚偽の証言をしたりする厚顔無恥な人もいるだろうが、こんなことはしたくない、するべきではないと思っていながらも、不正を行うことを強要され、そのため良心が咎《とが》める人もいる。

上司に忖度《そんたく》し、その不正に目をつぶることで自分も不正に荷担することになったのに、その不正が発覚して問題になった途端、自分は指示していないと上司に責任を押し付けられ、下の者だけが責任を取らなければならなくなることもある。

上司は自分は逃げ切れると思っているので葛藤はない。しかし、部下は真実を語らなければ自分が罪を着せられる。

生活を人質にされているような状況では、不正を告発することは実際問題としては難しい。しかし、誰もがこのような状況にあるからといって上司のいいなりになるわけではない。財務省の指示で決裁文書の改竄《かいざん》を強要されたという趣旨の遺書を残して命を絶たれた方がおられた。誰にも相談できなかったようだ。良心の呵責なしに虚偽の答弁をして昇進を果たすような人がいることを思うと、正義感が強い人がこのような目にあうのはあまりにも理不尽だ。

このような時にこそ、孤立しないで他者の援助を求めてほしい。今自分が強いられていることがおかしいと思う人は自分だけではないはずだ、その仲間に今自分が陥っている苦境を打ち明ければ力になってくれる人がいるのではないか。そう思って援助を求める勇気を持ってほしい。自分がしてきたことを悔やみ、もはや生きていけないと絶望することがあっても、それでもいつでもやり直せる。真相を明らかにすれば不利な目にあうかもしれないが、死ねば元も子もない。自分の得だけを考えている人がそのことで改心することはないからだ。

人間の尊厳、人格の独立性への侵害であるパワハラやセクハラをされた時も黙っていてはいけない。この時も他者に援助を求めることは必要だ。

三木清は次のようにいっている。

「すべての人間の悪は孤独であることができないところから生ずる」（『人生論ノート』）

実際、上記のような時にも空気を読んでしまう人は多い。誰も上司の不正に抗議しない中、自分が声を上げることで職場の和を乱し、孤立してしまうことを恐れ、黙ってしまう。孤立することを恐れ、何もいわなくなれば職場の「悪」は蔓延る。

しかし、孤独であることを決心した時、人はかえって孤独ではなくなる。連帯する仲間が必ずいるからだ。

人は誰でも他者に頼らなければ生きていけない時がある。グライダーが空を飛ぶ時に、他の飛行機に牽引されて飛び、その後、空に舞い上がってからワイヤーを切り離して滑空するように、いつか自立しなければならないとしても、初めから自力で滑空できるわけではないからだ。

援助を求めることが弱さだとは思われない社会を作るためには、誰もが必要な時には援助を求めることが必要だ。これは依存とは違う。他者に依存して生きることを当然だと思う人とは違って、このような人は助けを求める前に十分するべきことをしているはずである。それでもできないこともある。自力でできることは自分でするが、自力でできないことであれば、他者に援助を求めてもいいのだ。

具体的な行動指針は、次のようなものになる。自分はできる限り他者に援助を求めない。他方、他者が自分に援助を求めてくれればできるだけ援助をする。

自分でできることを自分でしようとしている人であれば、必要な時には援助を求めてもいい。誰もその援助を拒んだりはしない。そのようにして対人関係の中に入っていけば、他者が仲間であることを実感できるだろう。

心筋梗塞で入院した翌年、私は冠動脈のバイパス手術を受けた。心臓を止め人工呼吸器を装着してバイパスをつなぐという大手術だった。その際、胸骨を切り開いたのだが、ワイヤーでつなぎ縫合した傷跡を保護するために胸にバンドをつけなければならなくなった。

退院後、外出時に満員電車に乗らなければならないことがあった。苦しくて席を替わってほしいと思った。夏だったので本来は肌に直接つけるバンドを服の上につけていたが、胸のバンドに気づく人があっても、それがどういうものかは誰にもわかってもらえず、席を替わってもらえなかった。

見た目にはどこも悪くないのに、「替わってほしい」といえばどう思われるだろうかと思って言い出せなかった。しかし、よく考えるまでもなく、もしも反対の立場で誰かから席を替わってほしいといわれたら、理由すらたずねないで替わるはずなのだ。

第八章　今ここを生きるために

今ここに「ある」ということ

以上までのところで考えたことをまとめると、次のようになる。それぞれの列の上が、よく生きるための指標である。

希望／期待
幸福／成功
存在／過程
現在／未来
ある／なる
質的／量的
エネルゲイア／キーネーシス

期待したことが実現しないことがあったとしても、決して失われることがない希望が「本当の希望」である。

三木清は幸福と成功を対置しているが、厳密には幸福が上位の目的であり、成功は幸福であるための手段の一つにすぎない。一方、幸福は求めなければ求めないでいられるようなものではなく、すべての人間が生まれつき持っている願望である。

問題は、成功すれば幸福でありうるかで、実際に成功が幸福であるための手段となるかはわからないということである。

多くの人が希望（厳密には期待）することは、三木が例に引いているような成功である。いい大学に入り、いい会社に就職し、条件のいい人と結婚し、昇進するというようなことである。しかし、成功すれば人は幸福なのか、成功しなければ不幸なのかは自明ではない。

三木は幸福は存在であり、成功は過程であるという区別をし、成功あるいは失敗とは関係なく、人は幸福であると考えた。

成功は未来における目標の実現を俟《ま》たなければならないが、幸福は「なる」のではなく、今（現在）幸福で「ある」。成功は一般的で量で測れるが、幸福は質的なものであり「各人においてオリジナル」なもので他の人には理解されないことがある。

前にも論じたように、キーネーシスは始点と終点がある動きである。その動きは効率的でなければならず、もしもその動きが途中で終われば、その動きは不完全なものになる。しかし、生きることはキーネーシスではなく、エネルゲイアである。どこかに到達しなければならないわけではない。たとえ生きることが突然終わったとしても、道半ばということにはならない。生きることは何かの目的に向けての動きではなく、生きることの内に目的がある、「ある」は、生きることがそのまま目的である。

三木が幸福は存在であるということの意味は、幸福であるために何かを達成しなくてもいいということだった。どこにも行かなくても、何もしなくても人は幸福であるというのは、どこかへ到達することを目指すキーネーシスではなく、人生をエネルゲイアとして生きるということである。

人生の決断

生きることには、どこに向かうかという目標はなくてもいい。ただし、生きる以上、不断の選択は必要となる。

先に、祖父の代から続く医院を継がずに一度は医師にならない決断をした人の話をしたが、家業を自分が継がないと親に申し訳ないと思う人の相談をほかにも受けてきた。そんな時には自分にしかできない仕事などない、親が悲しむとしても親が自分で何とかしないといけないのであり、あなたがどうすることもできない、何よりも自分の人生なのだから自分が望まないことをして生きなくてもいいという話をする。

このようにいってみても、親思いの人は家業を継がないことはよくないことだという考えを払拭できない。

しかし、家業であればためらう人であっても、ではあなたは好きな人がいても親に反対されたら好きな人との結婚をあきらめ、親が決めた人と結婚するのかと問うと、それはしないという。

ところが、親に反対されたらあきらめるという若者もいる。好きな人であっても、親を悲しませてまで結婚しないというのである。好きな人と結婚しても、そのことで親が不幸になったら意味がないというのである。

そのような若者はたしかに親思いで優しいのだが、では、自分の人生を生きなければいったい誰の人生を生きるというのか、親の人生を生きてどうするのか。

親や他の誰かに任せないで、自分で自分の人生を選択するのなら、何を基準にすれば最善の選択ができるのか考えなければならない。子どもの結婚に反対する親も、実のところ、このことについては知らないのである。

その選択の目標は幸福だが、成功が幸福であるための手段である、成功が幸福だと考えるのは、いつの時代も常識といっていい。

成功するためには何かを達成しなければならない。成功を目標に生きると、その目標は先にある。他方、幸福は、先ではなく、今ここにある目標である。

東日本大震災で津波に流されたが、一命を取り留めた若者の話を新聞で読んだことがある。その若者は生還して二ヵ月が経ち、生活が落ち着きを取り戻した時に将来に目が向いた。

「いつ死んでもおかしくないなら、日々を大事に。どうせ生きるなら人のために」

そう考え、頭に浮かんだのは、人の命を救う医療の仕事に就くことだった。そこで、薬学部を受験しようとしたら経済的なことを理由に周囲に反対された。進学塾は学力不足を理由に入塾を断った。しかし、彼は勉強を続けて地元の大学の薬学部に進学し、国家試験を突破、大学病院に就職した。

「以前の自分はあの日死んだのかもしれない。今は生まれ変わったように思う」

この若者が、「人のために」と考えたのは関心が自分ではなく、他者に向いたということである。

ある日、駅で肩を叩かれた。顔を上げると見知らぬ若者だった。一瞬、身構えた私に若者は「～です」と話しかけた。私は彼が小学生だった時に家庭教師をしていたことがあったのである。小学生の時の彼の顔が思い浮かんだ。

聞けば、母親が若くして脳腫瘍で亡くなったのだが、母親が入院していた時に世話になった放射線技師に自分もなりたいと思ったのだという。それで進学校に通っていたが、大学受験はしないで、放射線技師の資格を取れる専門学校に進んだ。彼の母親のような病者の治療をしようと思ったのである。

誰もがこの二人の若者のような決断をすることはないとしても、この事例は人生の選択をする時に何を基準にするかという明確な指針を示している。

それは他者貢献である。他者が幸福であるために自分ができることがある。これまで自分にしか関心を向けてこなかったが、今度はその関心を他者に向けることである。

人は誰も一人で生きることはできない。幼児の時はもとより、大人になってからも誰の力にも頼らず生きている人はいない。そのことに気づいた人は自分が受けたものを返そうと思う。放射線技師を目指していた若者は母親が受けたことを自分が技師になることで返そうと思った。自分が他者から受けたものを意識する時、その他者は仲間である。

しかし、この貢献は必ず何かにならなくては、また、何かをしなければできないわけではない。人は生きているだけで、ありのままの自分でいるだけで他者に貢献できることはこれまでに何度も見てきた通りである。

自分が生きていることとそれ自体が他者にとっての喜びであり、他者に貢献しているのであり、そのことが、他者の幸福につながるのだ。

一人の力は大きい。何か特別なことをしなくても、人は自分の所属する共同体を変えることができる。

人が他者とのつながりの中にあるということの意味は、人とのつながりの外に生きていた人が後からその中に入っていくということではなく、それまでも他者とのつながりの中で生きていたことにその人が気づくということである。

また、すでに存在する共同体に後から所属するという場合でも、その共同体は自分が所属することによって変わりうることを知っていなければならない。

このようなことは、自分には共同体の中に居場所がないと感じている人には認めがたいかもしれない。だが、本当に自分は他者に影響を及ぼすことができるのだ。他者は自分に影響を及ぼす。そうであれば、自分も他者に影響を及ぼせると考えていけない理由はない。

最小の共同体は「私」と「あなた」から構成される。私とあなたが出会う前にはその共同体はなかった。他の共同体も基本的には同じである。私が共同体に所属することで、その共同体はもはや私が所属しない共同体とは違ったものになるのである。

このように人は他者とのつながりの中で生き、自分が生きていることによって必ず他者に影響を与え、他者に貢献できる。生まれて間もない子どもが何もしなくても、生きていることそれ自体でまわりの大人にとっての喜びであるように、誰もが生きていることだけで貢献できているのである。

さて、それでは、これまでの人生の選択が誤っていたことに気づいた時にはどうすればよいのか。本当はしたいことがあったのだが、親が反対し、親の勧めで別の進路を選んだという時、たとえ外から見ればその選択は間違っていないように見えたとしても自分が心から納得できていなければ意味がない。

できれば親が自分の前に立ちはだかった時に、自分の人生だから自分で選ばせてほしいというべきだったのである。しかし、実際にはその時には何もいえず、人生が親のいう通りに進行していたとしたら仕方がない、これからどうするかを考えるしかない。

今の時点で選べる選択肢を探すというのも一つの方法だ。決断に遅すぎるということはない。また決断は一度しかできないわけではない。いつでもやり直すことができる。

親の勧めで決めた選択が誤りであったことに気づいた後にもなお親に従って生きてゆくのであれば、自分の人生を生きることにはならない。しかし、自分が自分の人生を生きないのであれば、いったい誰が生きるというのか。たとえ、これまで通り生きるとしても、その時点で、親に勧められたからではなく、自分で自分の人生を歩む決断をしたのだと考えればいいのだ。

多くの親は子どもが成功することを期待する。そのため、親は子どもの就職や結婚相手について干渉してくることがある。その場合、親とぶつかることになっても、後々あの時反対しなくてよかったと思うような選択をすれば、むしろ親は喜ぶだろう。

親が自分が好きな人と結婚することに反対するという若者には、私は後になってあの時子どもに結婚を断念させなくてよかったと思えるような結婚をすることが親孝行だといっている。

もっとも、親が悲しむ、あるいは喜ぶというようなこと、また親不孝をする、あるいは親孝行をするというようなことは、自分の人生を選択する時には基本的には何の関係もないことだが。子どもは、親の期待を満たすために生きているわけではないからだ。子どもは、自分自身の人生を生きるために生まれてきたのだから。

人生の最大の決断は、次のように考えればできる。すでにその一つは書いた。つまり、自分の存在が他者に貢献していることを意識することである。そのためには、自分が他者と結びついていることも意識すること。このことは時に容易ではないが、他者を自分から分別せず、自分も他者を分別しないという意識的な決断をしなければならない。さらには、この、今ここで生きていることが他者に貢献していると思って生きられることは、ただ生きることを超えて、「よく生きる」ということにもなるのである。

次に、成功することを人生の目標にしないということである。何も成し遂げなくても、生きていることでそのまま他者に貢献しているからである。

また、このように考えて決断したとしても、今度はその決断に固執しないことも大切である。他者貢献と幸福を目指す道は一つとは限らないからである。

楽観主義

第二次世界大戦中、ドイツのダッハウにユダヤ人の強制収容所があった。アドラーの弟子のファラウはこの収容所に送られた時、かつてアドラーから聞かされた次のようなエピソードを思い出し、収容所にいた人たちに話した。

二匹の蛙がミルクが入った壺のふちのところで飛び跳ねて遊んでいた。遊びに夢中になるうち、両方の蛙ともミルク壺の中に落ちてしまった。

二匹の蛙に与えられた現実は、ミルク壺に転落したということである。この現実に目を瞑《つむ》ることはできない。転落してしまった以上、そのことを悔やんでみても始まらない。その現実の中で何ができるかを考えるしかない。

一匹の蛙は最初しばらく足をばたばた動かしていたが、もうだめだとあきらめてしまった。ガーガー鳴いていたが実際には何もせずじっとしているうちに溺れて死んでしまった。

もう一匹の蛙は、足を蹴って懸命に泳いだ。どうなるかはわからないけれど何とかしよう、できることは足を動かすことだと考えて。するとと、思いがけず足の下が固まった。ミルクがバターになったのだ。それで、その蛙はその上に乗って外に飛び出し生還することができた（Manaster, Guy et al.eds. *Alfred Adler: As We Remember Him*）。

前者の蛙は悲観主義者だった。この蛙はすぐにあきらめて何もしなかった。「何ともならない」と諦めてしまう悲観主義者は状況に対処する勇気を欠いているとアドラーはいっている（『個人心理学講義』）。

後者の蛙は楽観主義者だった。楽観主義の蛙はどうしたか。与えられた現実から出発した。その現実の中で結果がどうなるかはわからなくても、できることをするしかないと考えた。

この蛙のエピソードはダッハウ収容所の多くの人々を無気力から奮い起こした。多くの人がガス室に送られ、生還できなかったとしても。ガス室に送られる前に、精神的に参ってしまった人も多かったのである。

ここで、このエピソードには出てこないもう一匹の蛙を登場させよう。この蛙がミルク壺の中に転落したという状況で取った行動は他の蛙とは違って、きっと誰かが救いにきてくれるだろう、自分が何もしなくても何か奇跡のようなことが起こってこの苦境から脱出できるだろうと期待した。何とかなると考えて何もしなかったのである。しかし、誰もやってこなかった。奇跡も起こらず溺れてしまった。

この蛙は何とかなると思って何もしなかった。その意味で、何ともならないと考えて何もしなかった、悲観主義の蛙と同じである。

私はこの蛙を楽天主義者といいたい。楽天主義は先に使った楽観主義とは違う。英語ではどちらも optimism であり、本来、区別することはできない。だが、何とかなると考え、実のところ何もしない楽天主義は、できることをする楽観主義とは区別しなければならない。

人間もまたミルク壺に落ちてしまった蛙のようである。その現実から目を背けるわけにはいかない。だがあきらめてしまうのでも、何か自分を超えた力が働いて何とかなるだろうと考えて何もしないのでもなく、できることをしていくしかない。

おわりに

ある日、街を歩いていたら、声をかけられた。最初すぐには誰かわからなかったのは、最後に会ったのが一〇年以上も前のことだったからだが、しばらく世間話をした後、実は、子どもが昨年急死したと話し出されたので、私は驚き、前に子どものことで心を痛めておられたことを思い出した。急死という言葉を聞いて、いったいどうされたのかたずねることができなくなった。

別れてからその人の心中を想像した。亡くなった娘さんは私の息子と同い年だった。さぞかし無念だっただろうと思った。私はこれまでも子どもを早く亡くした親と話す機会はたびたびあった。そんな親を励ますことなどできるはずもなく、ただ理不尽にしか思えない子どもの死のために深い悲しみに打ちひしがれる人と悲しみを共有することしかできなかった。

この人に会った次の日、私は若い人の自殺について考えるシンポジウムに参加し、大学生を交えたパネルディスカッションの前に基調講演をした。テーマは「生きづらさからの脱却」。様々な理由で生きづらさを強く感じて自ら命を絶つ人がいることは本当に痛ましい。

まず、私は自らの命を絶った人には見えていたことと見えていなかったことがあっただろうという話をした。見えていたのは、人生の目標は決していい学校に入り、いい会社に就職し、高収入を得るというような成功ではないということである。今は、そのようなことには価値はないと思う人が増えてきているようにも思うが、依然として常識ともいっていい考え方であり、親は子どもたちに成功することを期待する。

親や他者からの期待に応えるべく自分でもこうありたいという「理想」と「現実」の自分との乖離《かいり》が大きければ、人生は生きづらいものになる。

ただし、彼らが知っていたのは、人生の目標が成功では「ない」ということであって、何が人生の目標になりうるかということは知らなかった。成功こそが人生の目標と見る常識的な価値観にからめとられていた親もそれに代わる価値は知らなかった。

早世した子どもの親に共通する思いはこうだ。もしもこんなに早く別れることがわかっていたら、どうして子どもがしたいといっていたことをすることを許さなかったのか。普通はそんなことはしない、まだ早いなどといって止めなければよかった、と思う。

成功に代わる人生の目標は何か。それは「幸福」である。成功するためには何かを達成しなければならない。しかし、何も達成しなくても、このありのままの自分で今誰もが幸福である。

いつか七〇代の男性が最近妻を亡くしたという話をしているのをテレビで観たことがある。「仕事なんかどうでもよかったのだ」というその男性の言葉から、彼が妻をこよなく愛していたことがわかった。仕事をしなければ生きていけないではないかという人はいるだろうが、愛する家族と死別した人は人生において本当に大切なものが何かを思い知る。成功ではない。何もしていなくても、今ここで共にいられるという幸福があれば他には何もいらない。

次に、私がこの日話したのは、人は他者とのつながりの中に生きていて、その他者が自分の仲間であるということである。

若い人だけでなく誰の死であっても人の死は、自分の死である。その意味は、人は誰もが他者とのつながりの中で生きているので、他者は自分の一部を形作っている。だから、亡くなった人が親しい人であればあるほど、喪失感は大きく、自分が死んだも同然の思いをすることがある。

友人を亡くした学生が、彼が死んで初めて彼の存在が自分にとってどれほど大きかったかを知ったと語った。命を絶った人が見えていなかったのは、自分の存在がいかに他者にとって大きいかということである。そのことは残された生者が強く思い当たることだが、生きている間にこそ知ってほしかったと思う。

他者は必要があれば自分を援助しようとしている仲間だと思いたい。そう思えればこそ、必要があれば他者に援助を求めることができる。追い詰められ死をも考える人にとっては、そう思えるかどうかが生死を決める。

第三に話したことは、「今ここ」に生きるということ。

若い人で人生設計をする人がいるが、そのような人はこれからの人生が見えているような気がするのである。しかも、それは概して先に見た成功を目標とした人生イメージである。成功するためには何かを達成しなければならない。いい学校に入り、いい会社に入るというようなことである。

しかし、この目標を達成できるとは限らない。達成できないといっても過言ではないといっていいくらいである。達成できなかった、あるいはどれだけ頑張っても達成できないだろうと思った人は絶望する。

人生に絶望しないためには、一つは成功を人生の目標としないことである。

さらにもう一つ話したのは、人生を誕生で始まり、死で終わる直線としてイメージしないことである。生きることをダンスに喩えれば、人生は違って見える。どこかに行くためにダンスをする人はいない。ただ目的地に行くためならダンスをする必要はない。ダンスは踊っているその時々が楽しい。音楽が止まればダンスは終わるが、といって、どこで終わっても「道半ば」ではない。

人生を過去・現在・未来という直線として見るのではなく、「今ここ」を生きたい。誰もが必ず死ぬとしても、死は人生の目的地ではないのだから。

そうするためには、一つには、過去を手放すことが必要だ。忘れることができない、また、忘れてはいけない過去があっても、生きるためにはあえて過去を手放さなければならない。過去に経験したつらかった出来事が、今、自分が生きづらいことの原因であると考えれば、過去に戻って人生をやり直せなければ——実際、そのようなことはできない——今後も生きづらいと思いながら生きるしかない。しかし、過去を手放せば、いつからでも人生をやり直すことができる。

さらに、未来も手放さなければならない。未来は「まだない」のではなく、ただ「ない」のである。人生は筋書きが決まっている芝居やドラマではない。存在しない未来を思って不安になっても仕方がない。

たとえ、これまでの人生がどれほどつらいものであっても、これからの人生も同様につらいものになると決まっているわけではない。もっとも、楽になるとも決まってはいないが。人生は苦もあれば楽もあるというよりは、苦なのだから。

それでも、生きる。

参考文献

Adler, Alfred. "Über den Ursprung des Strebens nach Überlegenheit und des Gemeinschaftsgefühls," *Internationale Zeitschrift für Individualpsychologie*, 11, Jahr. 1933（Adler, Alfred. *Psychotherapie und Erziehung* Band Ⅲ）, Fischer Taschenbuch Verlag, 1983（Original: 1964).

Adler, Alfred. *Adler Speaks: The Lectures of Alfred Adler*, Stone, Mark and Drescher, Karen eds., iUniverse, Inc., 2004.

Antonius, Marcus Aurelius. *Ad Se Ipsum Libri* XII, Dalfen, Joachim, ed., BSB B.G.Teubner Verlagsgesellschaft, 1987.

Burnet, J. ed. *Platonis Opera*, 5 vols., Oxford University Press, 1899-1906.

Manaster, Guy et al. eds. *Alfred Adler: As We Remember Him*, North American Society of Adlerian Psychology, 1977.

Rilke, Rainer Maria. *Die Aufzeichnungen des Malte Laurids Brigge*, Suhrkamp Verlag, 1973.

Rilke, Rainer Maria. *Briefe an einen jungen Dichter*, Insel Verlag, 1975.

Ross, W.D. *Aristotle's Metaphysics*, Oxford University Press, 1948.

Sicher, Lydia. *The Collected Works of Lydia Sicher: Adlerian Perspective*, Davidson, Adele ed., QED Press, 1991.

김연수『청춘의 문장들+』마음산책、2014

アドラー、アルフレッド『生きる意味を求めて』岸見一郎訳、アルテ、二〇〇七年

アドラー、アルフレッド『教育困難な子どもたち』岸見一郎訳、アルテ、二〇〇八年

アドラー、アルフレッド『人間知の心理学』岸見一郎訳、アルテ、二〇〇八年

アドラー、アルフレッド『性格の心理学』岸見一郎訳、アルテ、二〇〇九年

アドラー、アルフレッド『人生の意味の心理学（上）』岸見一郎訳、アルテ、二〇一〇年

アドラー、アルフレッド『人生の意味の心理学（下）』岸見一郎訳、アルテ、二〇一〇年

アドラー、アルフレッド『個人心理学講義』岸見一郎訳、アルテ、二〇一二年
アドラー、アルフレッド『人はなぜ神経症になるのか』岸見一郎訳、アルテ、二〇一四年
伊坂幸太郎『死神の浮力』文藝春秋、二〇一三年
石田衣良『美丘』KADOKAWA、二〇〇九年
エックハルト『エックハルト説教集』田島照久編訳、岩波書店、一九九〇年
エピクロス『エピクロス　教説と手紙』出隆・岩崎允胤訳、岩波書店、一九五九年
加藤周一『羊の歌』岩波書店、一九六八年
加藤周一『続　羊の歌』岩波書店、一九六八年
神谷美恵子『神谷美恵子日記』KADOKAWA、二〇〇二年
神谷美恵子『生きがいについて』みすず書房、二〇〇四年
キケロー『老年について』中務哲郎訳、岩波書店、二〇〇四年
岸見一郎『アドラー心理学入門』KKベストセラーズ、一九九九年
岸見一郎・古賀史健『嫌われる勇気』ダイヤモンド社、二〇一三年
岸見一郎『生きづらさからの脱却』筑摩書房、二〇一五年
岸見一郎『老いた親を愛せますか?』幻冬舎、二〇一五年
岸見一郎『三木清『人生論ノート』を読む』白澤社、二〇一六年
岸見一郎・古賀史健『幸せになる勇気』ダイヤモンド社、二〇一六年
岸見一郎『幸福の哲学』講談社、二〇一七年
岸見一郎『三木清『人生論ノート』』NHK出版、二〇一七年
岸見一郎『希望について　続・三木清『人生論ノート』を読む』白澤社、二〇一七年
岸見一郎『アドラー　人生の意味の心理学』NHK出版、二〇一八年

岸見一郎『愛とためらいの哲学』 PHP研究所、二〇一八年
岸見一郎『老いる勇気』PHP研究所、二〇一八年
岸見一郎『シリーズ世界の思想　プラトン　ソクラテスの弁明』KADOKAWA、二〇一八年
岸見一郎『成功ではなく、幸福について語ろう』幻冬舎、二〇一八年
岸見一郎『マルクス・アウレリウス『自省録』』NHK出版、二〇一九年
岸見一郎『本をどう読むか』ポプラ社、二〇一九年
岸見一郎『定年をどう生きるか』SBクリエイティブ、二〇一九年
岸見一郎『「今、ここ」にある幸福』清流出版、二〇一九年
クリシュナムルティ『子供たちとの対話』藤仲孝司訳、平河出版社、一九九二年
ゲイ、ピーター『フロイト2』鈴木晶訳、みすず書房、二〇〇四年
重松清『その日のまえに』文藝春秋、二〇〇八年
ソポクレス「コロノスのオイディプス」高津春繁訳、『ギリシア悲劇全集　第二巻』所収、人文書院、一九六〇年
高山文彦『父を葬《おく》る』幻戯書房、二〇〇九年
太宰治『二十世紀旗手』新潮社、二〇〇三年
多田富雄『寡黙なる巨人』集英社、二〇〇七年
辻邦生『薔薇の沈黙』筑摩書房、二〇〇〇年
辻邦生『言葉の箱』中央公論新社、二〇〇四年
鶴見俊輔『鶴見俊輔　いつも新しい思想家』河出書房新社、二〇〇八年
ドストエフスキー『白痴（上）』木村浩訳、新潮社、一九七一年
藤澤令夫『藤澤令夫著作集Ⅱ』岩波書店、二〇〇〇年
藤澤令夫『藤澤令夫著作集Ⅴ』岩波書店、二〇〇一年

フランクル、ヴィクトール『夜と霧』霜山徳爾訳、みすず書房、一九八五年
フランクル、ヴィクトール『それでも人生にイエスと言う』山田邦男・松田美佳訳、春秋社、一九九三年
北條民雄『いのちの初夜』角川書店、一九五五年
三木清『人生論ノート』新潮社、一九五四年
三木清『三木清全集』岩波書店、一九六六〜一九六八年
三木清「語られざる哲学」、『人生論ノート　他二篇』KADOKAWA、二〇一七年
八木誠一『ほんとうの生き方を求めて』講談社、一九八五年
尹東柱『尹東柱詩集　空と風と星と詩』金時鐘編訳、岩波書店、二〇一二年
リルケ『マルテの手記』大山定一訳、新潮社、一九五三年
ロス、フィリップ『父の遺産』柴田元幸訳、集英社、一九九三年
和辻哲郎『風土』岩波書店、一九七九年
『ブッダのことば　スッタニパータ』中村元訳、岩波書店、一九五八年
『ブッダの真理のことば　感興のことば』中村元訳、岩波書店、一九七八年
『ブッダ最後の旅　大パリニッバーナ経』中村元訳、岩波書店、一九八〇年
『尼僧の告白　テーリーガーター』中村元訳、岩波書店、一九八二年
『聖書』新共同訳、日本聖書協会、一九八九年
月刊『創』編集部編『開けられたパンドラの箱』創出版、二〇一八年

N.D.C.100 237p 18cm
ISBN978-4-06-519213-9

講談社現代新書 2561

人生《じんせい》は苦《く》である、でも死《し》んではいけない

二〇二〇年二月二〇日第一刷発行

著者 岸《きし》見《み》一郎《いちろう》 © Ichiro Kishimi 2020

発行者 渡瀬昌彦

発行所 株式会社講談社
東京都文京区音羽二丁目一二—二一 郵便番号一一二—八〇〇一

電話 〇三—五三九五—三五二一 編集（現代新書）
〇三—五三九五—四四一五 販売
〇三—五三九五—三六一五 業務

装幀者 中島英樹

印刷所 株式会社新藤慶昌堂

製本所 株式会社国宝社

定価はカバーに表示してあります Printed in Japan

「講談社現代新書」の刊行にあたって

教養は万人が身をもって養い創造すべきものであって、一部の専門家の占有物として、ただ一方的に人々の手もとに配布され伝達されうるものではありません。

しかし、不幸にしてわが国の現状では、教養の重要な養いとなるべき書物は、ほとんど講壇からの天下りや単なる解説に終始し、知識技術を真剣に希求する青少年・学生・一般民衆の根本的な疑問や興味は、けっして十分に答えられ、解きほぐされ、手引きされることがありません。万人の内奥から発した真正の教養への芽ばえが、こうして放置され、むなしく滅びさる運命にゆだねられているのです。

このことは、中・高校だけで教育をおわる人々の成長をはばんでいるだけでなく、大学に進んだり、インテリと目されたりする人々の精神力の健康さえもむしばみ、わが国の文化の実質をまことに脆弱なものにしています。単なる博識以上の根強い思索力・判断力、および確かな技術にささえられた教養を必要とする日本の将来にとって、これは真剣に憂慮されなければならない事態であるといわなければなりません。

わたしたちの「講談社現代新書」は、この事態の克服を意図して計画されたものです。これによってわたしたちは、講壇からの天下りでもなく、単なる解説書でもない、もっぱら万人の魂に生ずる初発的かつ根本的な問題をとらえ、掘り起こし、手引きし、しかも最新の知識への展望を万人に確立させる書物を、新しく世の中に送り出したいと念願しています。

わたしたちは、創業以来民衆を対象とする啓蒙の仕事に専心してきた講談社にとって、これこそもっともふさわしい課題であり、伝統ある出版社としての義務でもあると考えているのです。

一九六四年四月　野間省一